どんなスポーツも
うまくなる!

子どもの運動力は4スタンス理論で引き出せる!

廣戸道場
Reash Project代表
廣戸聡一

日本文芸社

はじめに

子どもには、できるまで時間をあげる。大人は、子どもが頑張る姿を見守る

本書をご覧になっているのは、運動が苦手な子の親御さんや、子どもにスポーツを教えている先生・指導者の方が多いかと思います。

子どもの運動（体育やスポーツ）には、座学の勉強と大きく異なる点があります。たとえば、漢字テストには勉強して知っている問題が出た、あるいは出なかったという偶然の要素が絡んできます。

それに対して運動は、できる子はコンスタントにできる、苦手な子はずっと苦手な状況が続きやすいということです。でも、コツさえつかんでしまえば、できない運動もできるように、上手ではなかった運動も必ず上達しますから、不安になる必要はありません。

ただし、逆説的な言い方になりますが、速く走れようが、鉄棒やとび箱がうまくできようが、そのこと自体、私は重要なこととは思っていません。大切なのは、決められた条件やルールの中で、与えられた課題をクリアする「対応力」と考えています。

人は社会生活を送る中で、様々な対応を迫られる場面に遭遇します。カラダの対応力を学ぶことで、頭の対応力も磨かれ、今後の人生でも生かされていくでしょう。

そういう意味では、すぐになんでもできてしまうスポーツ万能の子よりも、じっくり時間をかけて克服することで、対応力を身につけた子のほうが、将来的には有望なのかもしれません。

いずれにせよ、子どもにとっての運動とは、対応力を磨くことが最大の目的です。そして同時に、周りの大人には、子どもが頑張る姿を温かく見守ることのできる「忍耐力」が求められると思います。

廣戸聡一

どんなスポーツもうまくなる!
子どもの運動力は4スタンス理論で引き出せる!

CONTENTS

7章 逆上がり&とび箱ができる！

8章 ボールを使った運動ができる!

1章

日常生活を見てみよう!

4Stance

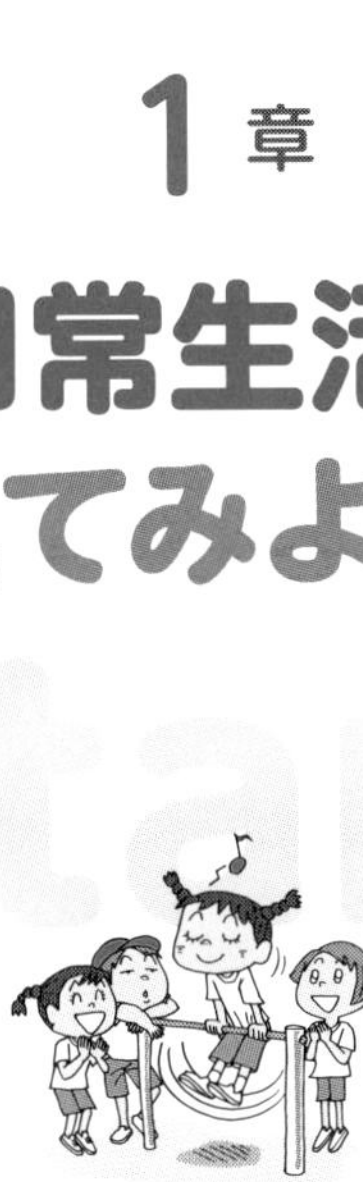

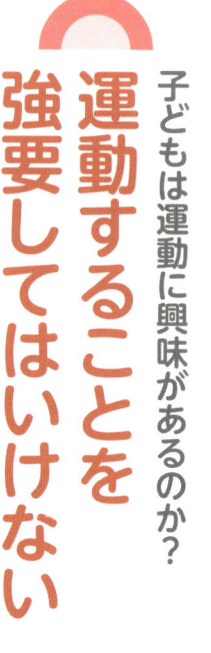

子どもは運動に興味があるのか？

運動することを強要してはいけない

脚の遅い子の中には、実は「走ることに興味がない」というお子さんもかなりいます。

幼稚園児や小学校低学年ぐらいだと、競争という概念が薄く、競争する気持ちがまったくない子も少なくありません。運動会の徒競走でパーンとスタート合図が鳴っても、キョロキョロと周りを見回して「それがなんなんだろう」と思っているような子どもです。これは運動神経の問題ではありません。なぜ走らなければいけないのかがピンと来ていないだけで、そういう子に対して無理に「走りなさい」と強要しても、傷ついて嫌な気持ちになるばかりです。大人だって、どうでもいいことをやらなければいけないときはモチベーションが上がりません。それと同じことです。つまり、**子どもの運動神経の有無は、興味を持てるかどうか、気持ちが入っていけるかどうかに深く関係しているのです。**

子どもと一緒に遊んでいるとき、遊んでいる場所から違う場所まで急に走っていき、子どもを「早く！　早く、おいで！」と急かしながら呼んでみてください。その子が今の状況を楽しい、もっと遊んでほしいと思っているなら、ワーッと、ものすごい勢いで走ってくるはずです。

多くの大人が小さなお子さんに〝トレーニング〟をしすぎているように感じます。「こういうフォームで、こうやって走りなさい」と言っても、おそらくほとんど速く走れないでしょう。小さな子どもの運動能力を伸ばすには、遊びから取り組まないと望ましい結果は得られません。

そして、たとえ子どもの運動神経が悪いと感じても、すぐに身体的、あるいは能力的な問題と結論づけず、その子の性格や内面的な部分から観察し、そもそも運動に興味があるかを探ってみていただきたいと思います。

勘の良い子と勘の悪い子の違い

動作が具現化されるためのイメージを子どもに与える

さらに運動神経は、その子の勘が良いのか、あまり良くないのかで判断できるものでもあります。動きのイメージが沸きやすい子なのか、そうでない子なのかと言い換えてもいいでしょう。

勘の良い子、センスのある子というのは、自分がどう動けばいいかが立体的に想像できます。俯瞰した場所から自分を見ているようなイマジネーションが働きます。

たとえば逆上がりをやってみようというとき、鉄棒を持ってこう回るんだという動きが頭の中で完成しています。鉄棒の周りを空中回転すればいいんだとイメージできているわけです。

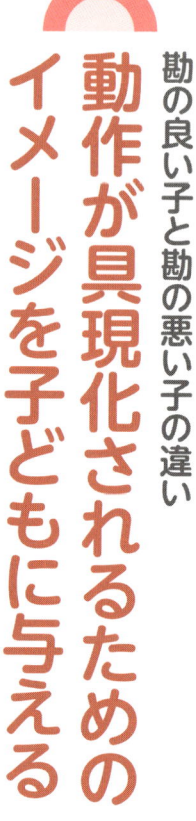

でも、勘の悪い子は、その動作を解析してしまいます。手は肩幅の広さに開いて鉄棒を握る、上体はそっくり返る、足をけり上げると、動作を一つ一つ分散させるわけです。

ある動作の最中に別の動作が入ってきて、頭が混乱すると、うまく回れるはずがありません。いわゆる第三者的な感覚を持てない限り、運動やスポーツは上達しないのです。

大人の役割は、逆上がりなら逆上がりがどういう動作なのかを、できるだけ端的に伝えることが重要です。

「鉄棒をつかんで、その周りをクルンと空中回転するだけだよ」

そのようにして動作が具現化されるためのイメージを子どもに与えてあげるのが効果的です。それができないとなると、大人が運動神経の悪い子を作っているとも言えてしまいます。

楽しくなければ単なる肉体労働

「君は足が遅いから」と言って走ることだけをやらせるというのが、おそらく子どもをもっとも傷つけることになります。

自分なりに頑張っているのに足はいっこうに速くならないし、苦手なことを散々やらされ、うまくいかないと周りの大人もどんどん不機嫌になってくる。「どうせ僕なんか……」と考えてしまうわけです。

ダラダラと同じことを繰り返すだけの練習は、大人だってつまらないものです。肉体労働では運動の苦手意識は取り除けません。飽きてしまうし、やがて運動が本当に嫌いになっていきます。

でも、そこに楽しさが入ってくると、子どもは運動を仕事や課題、義務とは考えず、自分の利益になるものととらえ、一生懸命取り組もうとします。その意味では、トレーニングとして細かい動きを教えるよりは、**お遊戯とかゲーム性のある遊びを自由にやらせたほうが、子どもの運動能力のアップには大きな効果が期待できます**。

私がお子さん相手によくやるのは、少し難しいことを挙げて、「これは難しいけれど、君ならできるかもしれないから、やってごらん」と言うことです。子どもは必死にチャレンジしますが、やはりなかなかできない。でも、そうやって何度も挑戦することがとても楽しいのです。

運動能力が同じぐらいのレベルの子同士だったら競争をさせるのも悪くありません。友だちに勝つこともあるし、負けることもあります。そのように運動に変化を持たせると、子どもは楽しいと感じ、自ら進んでカラダを動かそうとするはずです。

運動の苦手意識を持つのは様々な理由がある

運動が嫌いになってしまう子どもは、どんな時期に、どんな場面で苦手意識が芽生えるのでしょう。

まず考えられるのが、他人と比べられることによる運動嫌いの芽生えです。幼稚園では比較されることがほとんどありませんし、たとえあったとしても、子どもたちはまだそれほど自覚していません。

それが小学校に上がると、体育の授業で「とび箱や鉄棒ができない」「他の子に比べて自分が劣っている」などと感じ始めます。一度苦手だと思ってしまうと、前向きに取り組もうという気持ちになかなかなれませんし、苦手意識はますます大きくなっていきます。運動嫌いが一気に定着してしまうわけです。

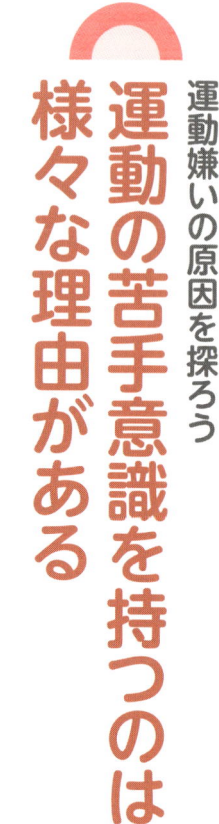

現在はどうなのかわかりませんが、一時期、徒競走はみんなでゴールするとか、順位をつけないという幼稚園や学校があると聞いたことがあります。これは子どもにとって、まったく意味がありません。

どんなことでも順位は決め、**努力しない人には努力しないなりの、努力した人は努力した人なりの結果が待っているというのがフェアなことです**。みんな同じじゃなければいけないという風潮がありますが、それは公平ではなく、子どもの個性を殺してしまうことにもなるのです。

運動ができたら楽しいと思わせ恐怖心を減らす

運動嫌いになる第二の原因として、「恐怖心」があります。

体育でとび箱や鉄棒、マット運動を行なうときや、ボール競技で速いボールが自分に向かってくるときに、とっさに「恐い！」と感じ、カラダが固まって思うように動かなくなってしまうわけです。

でも、恐怖心は大人が無意識のうちに植えつけるケースが圧倒的に多いということは、あまり知られていません。

もともと子どもは、その運動が危険であるとは思っていません。でも、親や指導者が「危ないから気をつけて」と言うことで、子どもは想像力を働かせ、危険なのだと過剰に頭にインプットしてしまいます。なんの知識もない場合のほうが思い切りできるものです。

事故やアクシデントといった不測の事態が起きるのは、何も運動やスポーツの場面だけではありません。予想どおりのことしか起こらないのだとしたら、誰もスポーツをやろうとはしないでしょう。

小学生ぐらいになれば、至近距離からボールを投げたら危ないとか、人がいる近くでバットを振り回したら事故につながるといったことは理解しています。そういう意味で、大人は子どもが本当に危ないときに守ってあげられるようなサポートをし、必要以上に「気をつけなさい」と言わないことが大切なのかもしれません。

むしろその**運動ができたら楽しい、成功したらおもしろいということが、危ないという要素を上回ると、子どもは恐怖心を感じなくなります**。危険というマイナスイメージが、運動やスポーツをやりたいという意欲を奪っていたとしたら、子どもにとってそれほど不幸なことはありません。

オールマイティに〝そこそこ〟できる運動能力を磨く

子どもが運動が苦手なことを、「親の自分が運動オンチだから」と片づけてしまう人がいます。運動の得手不得手を「遺伝」ととらえるのは大きな間違いです。

背が大きい、体型がスリムといった骨格や筋肉の質などの身体的特性を才能と呼ぶなら、親から遺伝される才能も当然あると思います。しかし、その多くは運動能力とは関係ないケースばかりです。仮に関係があったとしても、親が望んだのとは違った分野で生かされることだってあります。

私が懇意にしていただいている日本を代表する漫画家の先生は、物事を瞬時に立体的に判断し、イメージできる能力に長けていらっしゃいます。声楽家の方は、内臓をうまくコントロールしてきれいな声を出す能力が光っています。こうした能力も広義に言えば、運動能力に含まれるわけで、いわゆるスポーツの世界だけで発揮されるのが運動能力ではないということです。

自分の子どもに運動神経がないと言う大人に限って、その子に求める〝できるライン〟を高く設定しがちのように感じます。**クラスで一番になることなんてきわめて大変です。お父さんが職場で営業成績トップにな**

るのが難しいのと同じことです。

運動の分野では、小学生ぐらいまでは得意なことを見つけなくとも、幅広くチャレンジしてください。「それならやったことあるよ」程度のスタンスで十分です。

一つの運動やスポーツに特化して練習する必要はありません。

体育の授業で器械運動、球技、水泳、ダンスとたくさんの種目を行なうのも、その中で興味があるものがあれば、クラブ活動や地域の教室でより本格的に取り組んでみようということです。

一流のアスリートでも、小学生時代から優れていた選手ばかりではありません。中学や高校で花開く選手のほうが多く、大学や社会人になってから芽が出てくる選手も少なくないのです。

子どものうちはオールマイティに、〝そこそこ〟できる運動能力を磨くことをおすすめします。

運動のおもしろさを教えてあげる

友達とのコミュニケーションがとれて新たな発見ができるのがスポーツ

運動が苦手なお子さんには、まずは運動が楽しいもの、おもしろいものであるということを知ってほしいと思います。

運動、あるいはスポーツにはルールがあります。それによって誰もが分け隔てなく、同じ条件のもとでゴールや勝利を目指すわけです。**なんらかの目標を立て、それを達成することで喜びを得られますし、その道のりが険しければ険しいほど、達成感はより大きなものになる**でしょう。

また、運動には自分が知らなかった自分に出会える魅力も秘めています。

たとえばゴルフで、次の1打でグリーンに乗せるのは難しいという局面があったとします。そこで「自分には無理だな」とあきらめて刻むのではなく、今までやってきた練習を信じて打つと、信じられないようなナイスショットでグリーンオンできました。それはまさに自分が認めていた以上の新たな自分を発見した瞬間であり、「俺ってすごいかも！」と思える、スポーツならではの喜びなのです。

自分を深く知ることのできるツール

チームスポーツであれば、他人を認めたり、自分が他人から認められたりして、さらに自分を深く知ることになり、それが同時にコミュニケーション能力の発達にもつながっていきます。

赤ちゃんの思考というのは、いわゆる一人称です。自分が何か物を持っていればご機嫌です。こちらが「投げなさい」と言わなくても、勝手にポイっと放るだけで楽しく、投げた自分が大好きなのです。

それが少し成長すると、二人称的な思考になります。「こっちにおいで」とか「あそこに投げてみて」と言われて、その通りに動けると満足感を得られます。自分ではない誰かと接する初めの一歩です。

やがて「あの障害物をうまく避けて投げよう」とか「人とぶつからないように向こう側に走ろう」と、考え方がだんだん複雑になっていきます。そのためには自分が置かれている状況を適切に判断できなければいけません。

状況判断が適切にできると、いよいよ三人称の思考が身についたということです。**三人称的思考は大人になるために絶対に欠かせないものですが、運動やスポーツは、そうした社会性を育んでくれる**わけです。

達成感や充実感を得られる

陸上競技の400メートルリレーは、スポーツの素晴らしさが詰まった競技の一つと言えるでしょう。

自分がどこかの区間を受け持ち、今まで100mで13秒かかっていたタイムが、一生懸命トレーニングをして12秒5に縮まったら、そこで最初の喜びがあります。

次に4人1組で考えると、バトン渡しを何度も練習し、個々の走力向上もプラスされれば、チームとしてタイムを短縮できます。喜びは4倍に膨れるはずです。

さらに他のチームと走って勝つことができれば、大きな達成感や充実感を得られます。もちろん、レベルの高い大会に出場すると、負けることもあり、悔しさや挫折を味わうか

もしれません。でも、そこで学ぶこともできますし、負けた悔しさを糧に次への目標を立てればいい。

自分の思いどおりにならないこともまた、スポーツのおもしろさなのです。

運動ができると子どもは健やかに育つ

運動ができると、子どもはどうなるのでしょう。

何よりも健康に育つということです。積極的に動くと、お腹が空き、ごはんをおいしく食べるようになり、また、たくさん遊ぶことで心地いい疲れの中でぐっすり眠ることができます。子どものカラダの発達、発育を考えると、この「よく食べ、よく動き、よく寝る」ことがきわめて重要です。

また、運動だけに限ったことではありませんが、人よりも秀でた何かがあると、そうしたイニシアチブを自分の中にアイデンティティとして手に入れるので、その分野においては積極性や寛容性が出てきます。自分の存在意義を確立できるという点では自信もつくでしょう。

目標を達成するために、何度もチャレンジを繰り返せば、集中力や粘り強さも身につくに違いありません。また、親や指導者、あるいは今いる環境に感謝する心も自然と育まれていきます。

ただ、自信を過剰に持ちすぎると、傲慢になったり、他のことについてルーズになってしまったりする危険性もあります。そこは周囲の大人が気を配りながら、見守ってあげる必要があります。

あいさつは、なぜ必要なの？

正しく立ち、おじぎすることが運動神経の良し悪しに関係する

学校の運動部やスポーツの少年団などで、あいさつをしっかりやらせる指導者が多くいらっしゃいます。これはとても大切なことで、ごくまれに**「あいさつはとにかく、プレーだけを教えてください」という親御さんがいますが、そういう方のお子さんは絶対に上達しません。**

あいさつは、なぜ必要なのでしょうか。

「こんにちは」「よろしくお願いします」「ありがとうございました」と言うことが、運動とどうつながっているかを理解できていない方も少なくないはずです。もちろん、教えてくれる指導者やスポーツをやらせてくれる親、あるいは道具や環境への感謝の気持ちを示すという意味もあるでしょう。

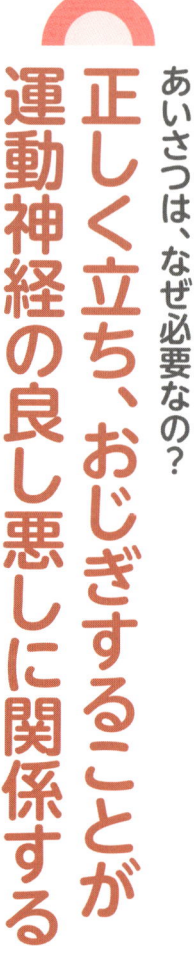

それは当然、大切なことです。

しかし、きちんと立ってからしっかりとおじぎをすることが、単純に運動神経の良し悪しに関係してくるのです。

そういう点がないがしろにされ、パフォーマンスの部分だけを上達させようとする大人が多くなったことで、逆に運動が苦手な子、運度能力が低い子が目立つようになったとも言えるかもしれません。

○良い声を出せているのは良い形で構えられている証拠

武士道のお話しになりますが、侍は相手が目上の人でない、あるいはよく知る人物でない場合、顔と胸を相手に向け、視線を逸らさないようにしながらお辞儀をするのが基本です。これは相手に隙を見せないためで、万が一、斬りつけられても瞬時に動くことができるからです。

スポーツも同じで、陸上競技のクラウチングスタートも、相撲の立ち合いも、アメリカンフットボールのスタンス（前傾姿勢）も、すべて一瞬で動き出せるようにと、侍の所作の流れを汲んでいる構えというわけです。

野球などの練習で、よく「声を出せ！」と言う指導者や先輩がいます。当事者たちがその意味を正しく理解して声を求めているかはわかりませんが、これも単に気合いを入れるためとか、軍隊のように規律を徹底させるためなどではなく、ボールは飛んで来なくても、「自分に関係ないという立場でここにいるな」ということです。

声をよく出せているのは、よい形で構えられているわけで、常によい準備をしておくための「声を出せ！」なのです。下を向きながら「締まっていこうぜー」と言っているような選手は、まったく「締まっていない」ということになります。

最敬礼の形

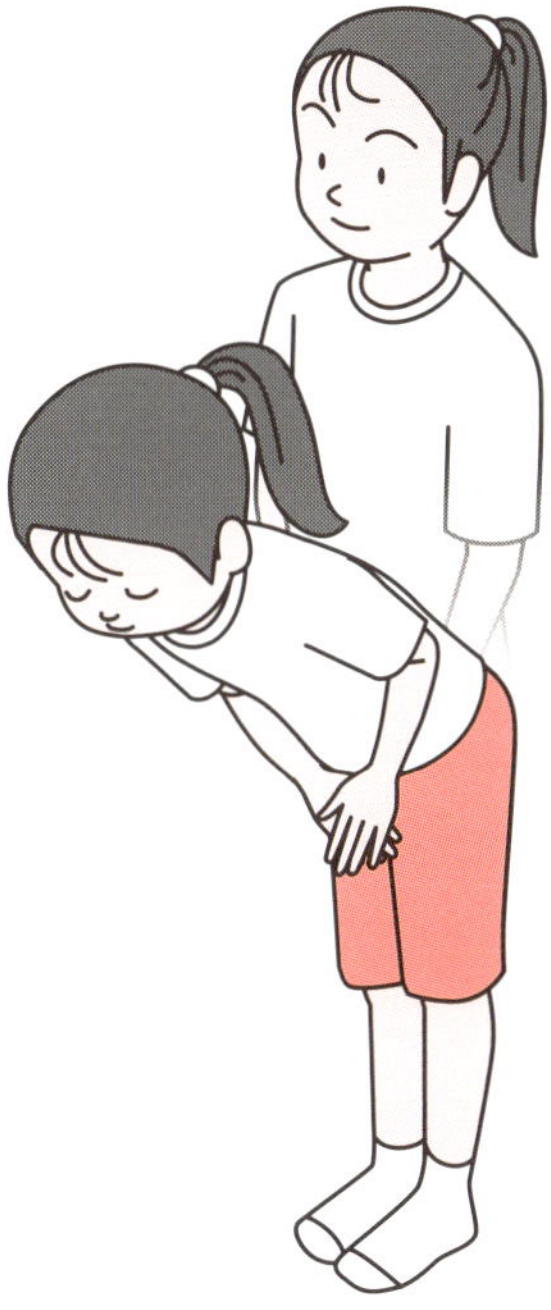

神前での儀式や高貴な方に対する礼、ビジネスシーンでのお詫びや深い感謝を表わすときに行なう、もっとも丁寧な「最敬礼」では、両足をそろえ、手は利き手を隠してカラダの前におく。その姿勢から上体を深く折り曲げる

正しいお辞儀

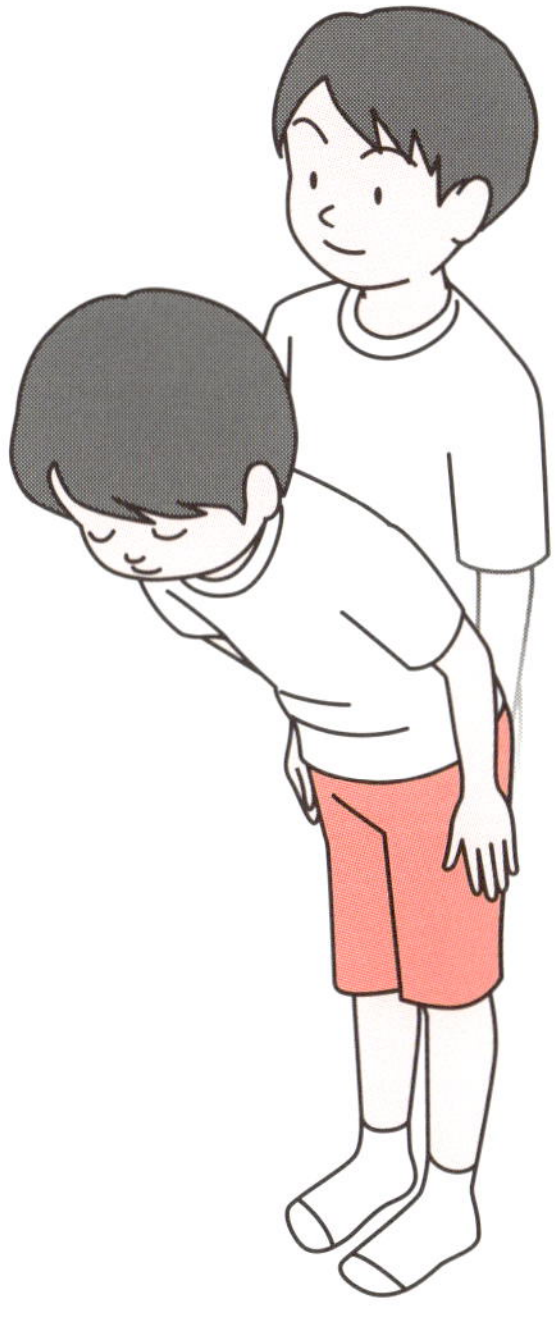

きちんと立ち、自分の胸と眉間が相手に向いたまま、上体を前傾させる。そこから目線だけを下に下げる。目線を戻してから、上体を起こす。頭だけ前に倒すのはNG

column

運動をとことんやる子とまったくやらない子の二極化が進む

文部科学省が行なっている「体力・運動能力調査」によると、子どもの体力や運動能力は、昭和 60 年ごろを境に下降傾向にあります。ですが、私の感覚では、プロ野球で球速 160km/h を投げる投手が出てきたり、道具や施設などの環境面が向上したりしていることを思うと、二極化しているという気がしています。

運動が好きな子、特定のスポーツに興味を持っている子は、とことんやる一方で、家庭用ゲーム機を筆頭に、カラダを動かさずとも遊べる機会が増えたため、運動が苦手な子、興味がない子はとことんやらないのです。運動能力の格差は広がるばかりです。

昔の子どもは嫌々ながらも外でみんなで一緒に遊んでいましたから、大人になってもある一定レベル以上の健康体を持っています。でも、今、二極化しているうちの「とことん運動をやらない」側の子どもが大人になったときに、カラダにどれだけのダメージが出るかというのは少し心配ではあります。

疲れるから運動はやらないとカラダを甘やかすと、疲れやすいカラダに発育してしまいます。大人になって疲労に強いカラダを手に入れるためにも、疲れにくいカラダに育てなければいけません。

2章

カラダの仕組みを知ろう！

4Stance

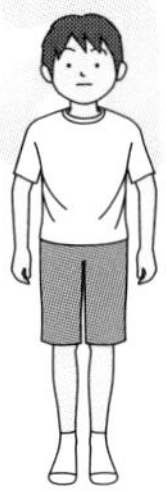

子どもの時期に運動することは成長する上で絶対的に欠かせない

平成24年に文部科学省が発表した「幼児期運動指針」では、幼児期における運動の意義として、「遊びを中心とする身体活動を十分に行なうことは、多様な動きを身に付けるだけでなく、心肺機能や骨形成にも寄与するなど、生涯にわたって健康を維持したり、何事にも積極的に取り組む意欲を育んだりする」ことをうたっています。

そしてそれが、体力・運動能力の向上、健康的なカラダの育成、意欲的な心の育成、社会適応力の発達、認知的能力の発達につながると、積極的に推奨しています。

さらに子どものカラダは、神経系の発達が10歳から12歳前後に完了します。

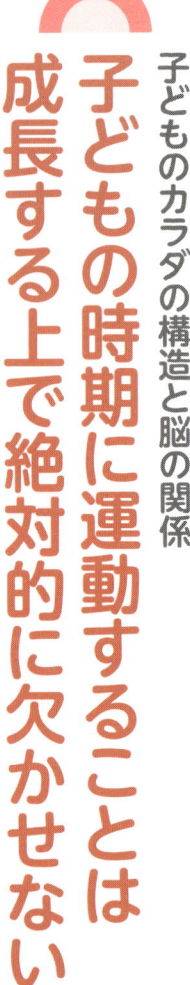

ここで言う神経系とは、大脳からの命令が筋肉に伝わるまでの仕組みを指し、その人の器用さやリズム感に直結します。一度乗り方を覚えてしまった自転車に、しばらく乗らなくてもすぐに乗れるのは、神経系の働きによるものです。

これらのことから、**幼児期や小学生の時期の運動は、その子の成長に絶対的に欠かせない**ものと言えるわけです。

6歳までに右脳を刺激する

ここで、脳について少しお話ししたいと思います。

人間の脳には右脳と左脳があり、お互いに助け合いながら機能しています。

右脳は「イメージ脳」とも呼ばれ、見た物を記憶したり、無意識にイメージで思考したりします。感覚や反射をつかさどり、想像力や直感力などを担う脳です。

それに対して左脳は「言語脳」とも呼ばれ、言語や計算、分析など理屈的な思考や記憶を意識的に行なう働きをします。知識の蓄積や知能をつかさどっている脳です。

人は生まれて3歳までは右脳が優位に働きます。そこから次第に左脳が働くようになり、6歳を過ぎると左脳が優位となります。

右脳を鍛えると、感性が磨かれ、情報吸収力が向上し、物事の全体像をつかむ能力や瞬間的に判断する直感力などが養われます。つまり、その子のベースとなる様々な能力を無理なく育てるためには、左脳が優位に働く6歳ごろまでに右脳を刺激するのが効果的なのです。

子どもの右脳は遊びながら育てられる

近年、子どもに向けた「右脳教育」が注目されています。

でも、教育などと堅苦しく考える必要はありません。**発達段階にある子どもの右脳は遊びながら育てられます。夢中になって遊ぶ中で、「タスク（仕事、**

務め)」を増やしていけばいいのです。

たとえば、ここから向こうへ走って行き、壁にタッチして戻ってくる。それができたら次は、途中に障害物を置き、その周りを1周ぐるっと回ってから壁をついて戻ってくる。そうやって課題を一つずつ増やして、遊びをより複雑にしていくと、自然に右脳が鍛えられていきます。

右脳の成長が必ず運動神経の改善や向上につながるわけではありません。子どもによってその能力はさまざまで、運動ではなく、音楽、芸術、語学、記憶力、集中力、直観力などの才能が花開くことがあるからです。

いずれにしても子どもの可能性は無限です。その可能性を引き出し、最大限に伸ばすという意味でも、大人は子どもの右脳をたくさんふくらませてあげる意識を持ってください。

低学年までは運動の男女差は意識しない

男の子にはよく「男らしくしなさい」、女の子には「女らしくしなさい」という言い方をします。男らしさ、女らしさが何なのかという話はここではいったん置いておくとして、カラダの動かし方を考えたとき、男女の違いは、やはりあります。単純に言うと、**男性は瞬発系の動きをしやすく、女性は一連の流れのある動きがしやすい特徴を持っています。**

たとえばボクシングは、もともと男性のスポーツでしたが、2000年以降、女子選手が活躍する機会が増えてきました。ただ、同じボクシングでも、男子選手のパンチはパン！　パン！と瞬発力（インパクト）を感じる一方、女子が繰り出すパンチは1回1回押し出すようなプッシングに見えることが多々あります。これは男女の特性の違いです。

とはいえ、関節の動かし方に関して男女の差はありません。しかも幼稚園児や小学校低学年のお子さんであれば、カラダの動かし方の男女差はほとんど意識する必要はないでしょう。男の子も女の子も同じように運動していただいて問題ありません。

やがて小学校高学年になるあたりから、男女の差が少しずつ出てきます。

女の子のほうが心身ともに先に成長し、動作も男の子が一瞬間でインパクトを作っていく感覚がついていくのに対し、女の子は綿密に動作を紡いでいくのが上手になっていきます。もちろん、トレーニングによって女性的な動きが得意な男の子もいますし、また逆のパターンも指導することもできます。一般的にはそうなっていくということです。

子どもは長い時間集中できない

子どもに運動を教えても、すぐに飽きてしまう、集中力が持続しないと感じたことのある人は多いはずです。

子どもの集中力というのは心と脳の体力と同じで、初めからそれほどあるわけがないのです。すぐに疲れてしまうのです。したがって量をこなすような練習や運動をさせてみると、集中は長い時間続きません。

私は以前、テレビ番組の企画で、子どもに自転車の乗り方を教えたことがありますが、このときも練習として実際に自転車に乗るのは、30分くらいで3回しか行ないませんでした。意識したのは乗る前の段階で欠点をなくし、動き出す準備をきちんと作らせることだけです。それでも3回走るだけで、その子は普通に自転車に乗れるようになりました。

子どもに新しいことを教える、つまり脳を使わせるときは、身体的な負担を少し軽減してあげないと、カラダはあっという間について来られなくなります。**集中力を出させるには、運動負荷に対して余裕を作ってあげなければいけません。**要するに、脳を使うためのエネルギーは、あらかじめカラダを使うための

エネルギーから差し引いておくということです。

間違ったやり方が運動を苦手にする

「カラダを思いどおりに動かせないから運動が苦手」という人は、単にそのやり方が自分に合っていないことが考えられます。人間のカラダは理屈通りに、関節の順番に動くようにできています。

ただ、次ページから紹介する「4スタンス理論」では、人間のカラダは大きく4つのタイプに分かれます。本来のタイプとは違う方法でカラダを動かそうとすると、動きにくいと感じたり、実際にうまく動きません。右利きの人が左手ではしを扱おうとするようなものです。

自分のタイプとは異なったやり方でカラダが動かないと思う子は、運動能力が低いのではなく、センスがある子とも言えます。カラダは精密機械と同じですから、異変を感じると安全装置が作動して動かなくなります。鋭い感性を持っている子どもは、すぐに「あれ?おかしいな」と思えるので、運動に関して見どころがあるのかもしれません。

カラダを好きなように動かすことが大切

走るときの手の位置とか足の上げ方などは、ほとんど重要ではありません。たとえば軽くジョギングをしながら、突然「用意、ドン!」と言ったらダッシュしよう、ということを繰り返していくと、動きの中からの加速なので、自分のやりやすいカラダの動かし方で加速できます。

フォームなどを固定し、「こうやりなさい」と限定してしまうことによって、動きの幅は狭くなってしまいます。そう考えると、子どもには好きなようにカラダを動かす「自由」が重要だったりもするわけです。

レッシュ身体理論とは？

安定させ柔軟にして軸を作る そして、動きを連動させて運動する

私が考案した「レッシュ身体理論」というのは、カラダをナチュラルで健康な状態へ導き、効率よく効果を得ることを目的とした身体理論です。もちろん、子どもにも当てはめることができます。

「Reash」とは、「Re」という「再生」を意味する英単語と、私、廣戸の頭文字「H（フランス語読みでアッシュ）」を組み合わせた造語です。

レッシュ身体理論は、人のカラダを4つのタイプに分け、タイプに合ったやり方を適用することで、無理なくカラダを動かせるようになる「4スタンス理論」と、人には共通して動作の基点となる5つのポイントがあるとする「5ポイント理論」が軸になっています。

5ポイント理論は骨格をカラダの「軸」とし「安定」を目指し、4スタンス理論は個に適した「軸」を「稼働」させることと考えると、わかりやすいのではないでしょうか。

運動もカラダの安定がスタート地点

カラダを自由に動かすために欠かせない条件は、第一に「安定性」です。まっすぐ立つ、ふらつかないように片脚で立つ。正しい姿勢で座る、しゃがむ。ジュニアの体操教室では、逆立ちが基本になり、両手で安定して立つことを第一と考えます。

試してみればすぐにわかると思い

ますが、人はカラダが不安定な状態にある体勢からは、速やかに動き出すことができません。

たとえば片脚立ちが安定していない人は、両手や上体、上げているほうの脚でバランスをコントロールしようとします。こうなると、バランスを取ることが優先され、手脚を自由にできません。自分のカラダが思いどおりに動かないのは当然です。

精神状態が不安定になってしまうと、仕事や生活もうまく行かなくなるのと同じで、運動もカラダの安定がスタート地点になります。

まずは「安定」から心がけるようにしましょう。

柔軟性があれば動かしやすさを感じられる

次に大切なのは、カラダの「柔軟性」です。

しっかりと安定して立っている、あるいは座った状態から、自分のカラダを柔軟に、いろいろな方向に動かせると、運動能力を発揮できます。

とくに注目していただきたいのが体幹部の柔らかさ。現在、**トップレベルで活躍するプロのスポーツ選手やアマチュアのトップアスリートは、ほぼ例外なく、体幹部が柔らかいという特性を持っています。**

人のカラダは年齢を重ねるにしたがって硬くなり、アスリートも体幹部が硬くなると、ケガをするリスクが高くなります。

人間の中でもっとも柔らかいのは、

お母さんの胎内にすっぽりと丸まって収まっている赤ちゃんで、産まれて成長するとともに柔らかさは失われていきます。

ちなみに幼少期の女の子に多いのが、カラダの柔軟性が高すぎて、力が外に逃げてしまって速く走れないというお子さんです。これは成長とともに骨格の強度が上がり、走るときの力を入れるコツさえ覚えてしまえば解決できる問題です。

いずれにしても、カラダは子どものうちから柔らかくしておくことで、動かしやすさを感じられます。

軸を作りコントロールできれば、カラダは自在に動かせる

安定しながらカラダを柔らかく動かせると、「軸」を作ることができます。

私は最近ではこれを世界基準で「ＪＩＫＵ」と呼んでいます。海外の方に軸

というワードをその国の言葉で訳すと、物理学的な意味での軸になり、コマの芯棒のようなものと理解されてしまいます。

ここで言う軸とは、人間が安定を得て、動作として最高のパフォーマンスをする際に絶対に欠かせないものです。**骨格の中に軸を作ってコントロールできれば、誰もが理想とする動きを行なえます。**

軸を作り出すために必要なのが、55ページにある「5ポイント理論」です。5つのポイントの3カ所を直線にそろえることで軸となり、動作をコントロールできるようになります。

柔軟性のある安定と軸を連動させる

野球の投球動作は、手先だけで行なえません。カラダを柔らかく安定させて軸を作り、全身を連動させることで初めて、力強くスピードのあるボールを投げることができます。優れた投手はみな躍動感があります。

テニスやゴルフのショットも、サッカーのキックも陸上競技のどの種目も、あらゆるスポーツで〈柔軟性のある安定→軸→連動〉は高いパフォーマンスを生み出す要素になります。

連動性があれば、強い筋力（筋出力）を必要としなくても、関節の動きを引き出すことで、大きな出力を創り出すことができます。子どもの場合、**柔軟性**

のある安定と軸を連動させることで、骨格がベースとなって脳の性能をそのまま引き出せるので、ダイナミクスな大人顔負けの動作が可能になります。

リズムとビートが大切

関節の中には動くべき関節と、動かないで安定させるべき関節に分布され、動作というものは構成されています。それを円滑に行ないながら完全出力として使うのか、出力を目減りさせながら動かすべき部位を速やかに動かすことによって、瞬発力やスピードとに変換していきます。運動におけるパフォーマンスとは、このように表現されています。

つまり、出力、スピード、持久力などのパフォーマンスの目的は、動作の違いではなく、動作リズムの差であるということです。

さらに、安定、停止している中で軸を細かく刻んでビートを作り出せると躍動感というものが現れてきます。

4スタンス理論とは?

カラダの使い方は大きく4タイプに分類される

まっすぐに安定して立ったときに、一見同じような姿に見えても、人それぞれ軸のあり方が異なります。土踏まずのつま先寄りでバランスを取る人もいれば、かかと側でバランスを取る人もいますし、同時に土踏まずの内側なのか外側なのかでも違ってきます。

人は生まれつき決まった血液型を持っているように、カラダの使い方も大きく4つに分けられ、それぞれに合った使い方をしましょうというのが「4スタンス理論」です。

つまり、カラダの反応の仕方や関節の動かし方に4つの個性があるということです。

4スタンス理論のセオリー

何気なく立っているときにバランスをとる、土踏まず（足裏）の基点となる箇所が4カ所に分かれる。これが4スタンス理論の概要だ

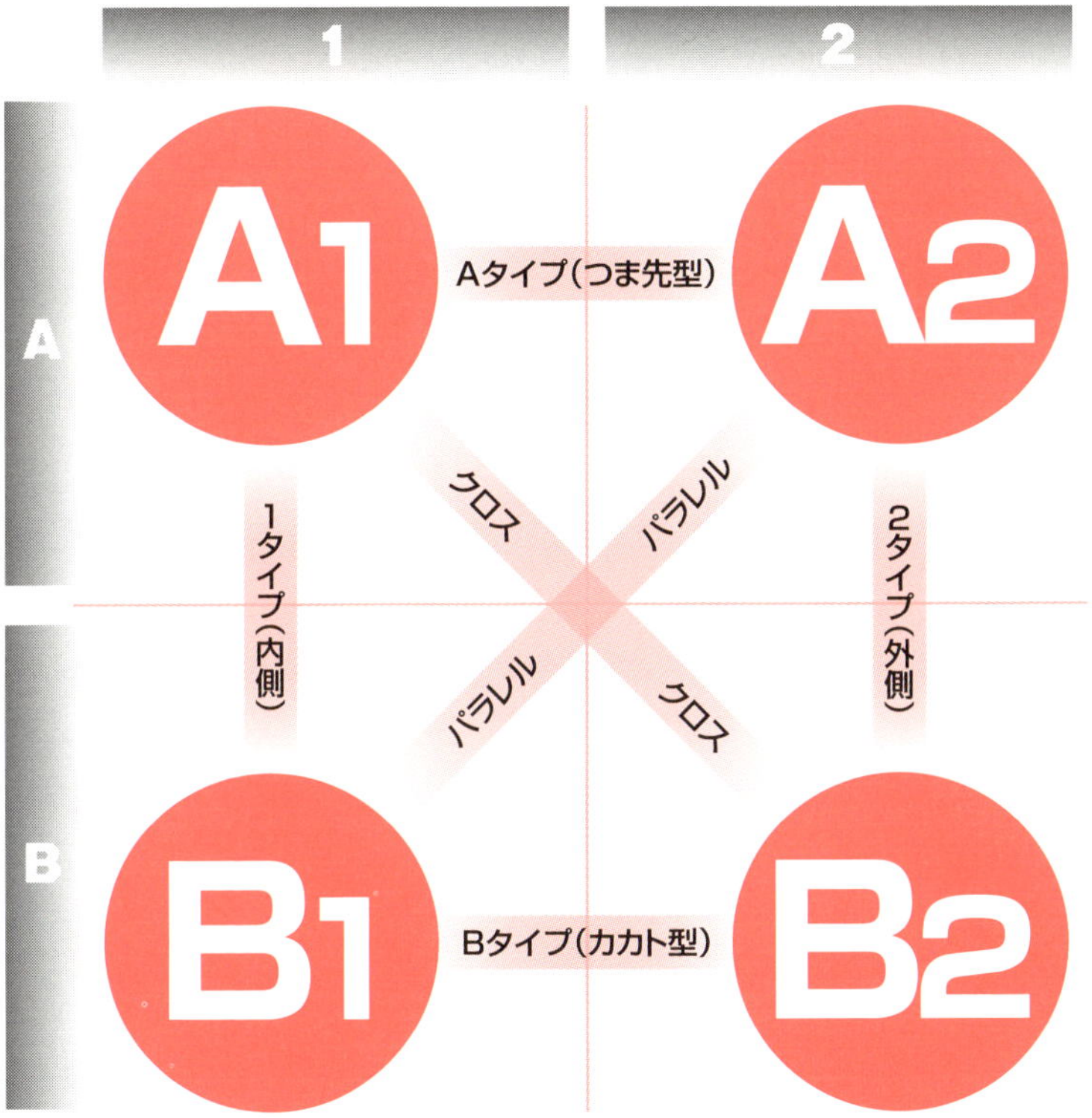

大人のカラダはすでに様々なクセがついてしまっていますが、子どもはまだまっさらな状態です。自分に合わない間違った動作でカラダにおかしなクセがついてしまう前に、正しいカラダのタイプを知ることはとても大切です。

たとえば、ある運動が苦手な場合、その**動きがきちんとできる同じタイプのお子さんと一緒に運動動作をしてもらうと、動作のリズムが合っているため、いつの間にかにできるようになるということがあります**。これも4スタンス理論の大きな特徴です。

垂直な意識で軸を作ると、無駄のない動きになる

カラダには地面に対して安定して立つために、すべての人に共通した5つの重心ポイントがあります。首のつけ根、みぞおち、股関節、ヒザ、足裏というそれぞれの関節部位です。この5つのポイントを意識して軸を作ることで、持っているすべての身体能力を引き出す準備が整います。これを「構え」と

基点となる5つのポイント

軸を作るときに重要となる5つのポイント。この5ポイントを垂直にそろえたときが、カラダがもっとも安定する状態だ

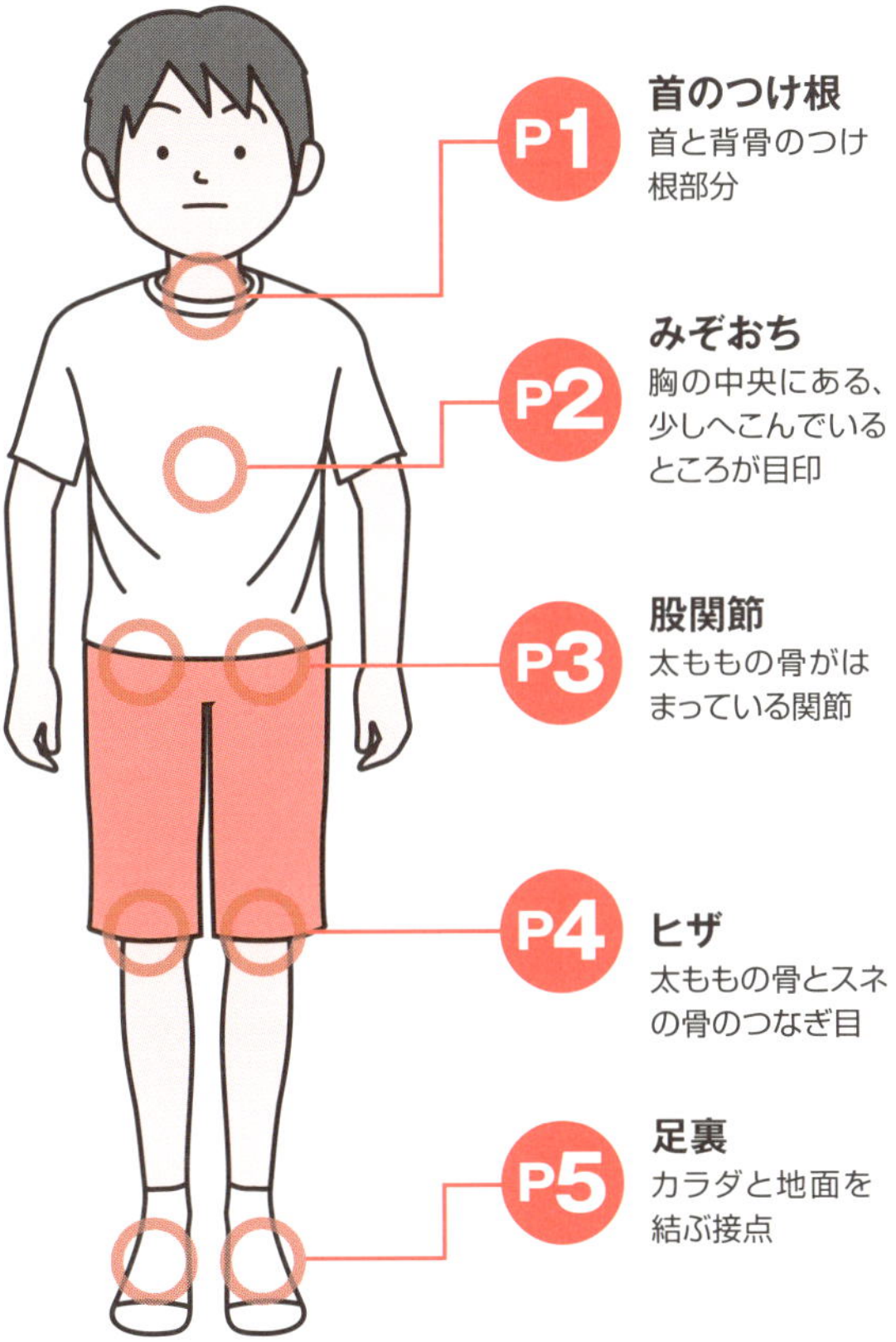
P1
首のつけ根
首と背骨のつけ根部分
P2
みぞおち
胸の中央にある、少しへこんでいるところが目印
P3
股関節
太ももの骨がはまっている関節
P4
ヒザ
太ももの骨とスネの骨のつなぎ目
P5
足裏
カラダと地面を結ぶ接点

言います。

動作として動くときは、5つのポイントの半分以上である3つのポイントを地面から垂直にそろえると、「垂直な運動軸」が生まれます。運動には様々な動きがありますが、「垂直な軸」を作れば、どんな体勢でも無駄のない動きができるようになります。

どの3つのポイントを垂直にそろえるかは、4スタンスのタイプによって異なります。自分のタイプに合った軸を作りましょう。

タイプ別チェックは公式HPを参考に！

4スタンス倶楽部
http://www.4stance.com

トップページから
4スタンスタイプ自己チェック法
をクリック！

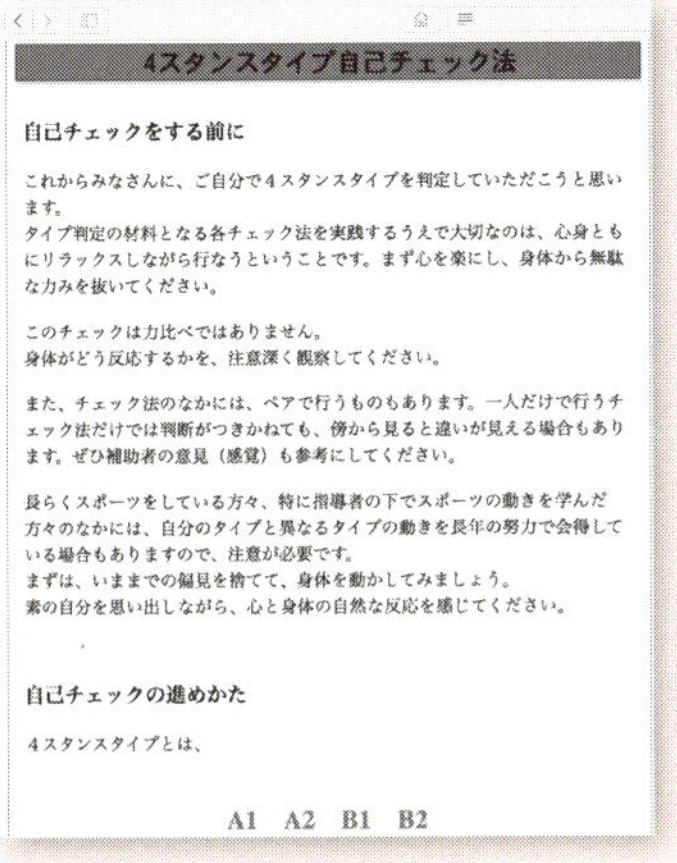

4スタンスタイプ自己チェック法ページ

◎自己チェックをする前に……
◎自己チェックの進め方……
◎判定のためのヒント……
を確認します！

動画を観て
確認
しましょう！

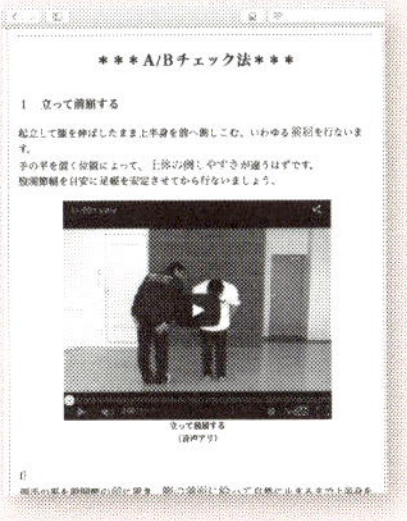

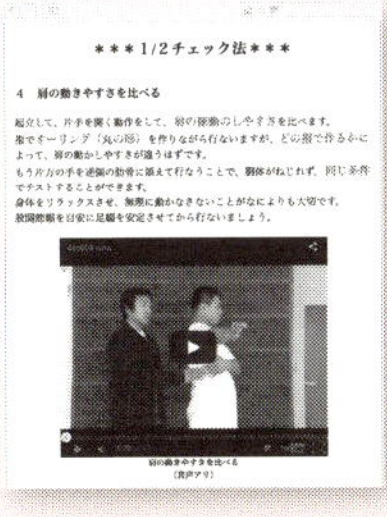

column

目的が失われていなければ一流選手の真似もOK!

野球のメジャーリーグで活躍するイチロー選手は、「4スタンス理論」でいうと、つま先の内側へと重心をおいてバランスを取るA1タイプです。たとえば「好きだから」という理由で、A2、B1、B2タイプの子どもがイチロー選手の真似をするのは間違いでしょうか。

結論からお話しすると、タイプが違うトップアスリートの真似をすることは、子どもの運動能力を磨くにあたって何の問題もありません。

子どもというのは、その選手の雰囲気を真似するんですね。一見、真似をしているようですが、きちんと自分流の動きになっています。私たち専門家から見ても「うまいなぁ」と思わせることがよくあります。

大人が真似をするのは、いわゆる〝コピー〟で、形を模写するだけなので最後の部分でパフォーマンスがなくなっている。有名な投手のコピーをすると、ボールを投げるという目的を失ってしまいがちなのです。

子どもの真似は、ボールを速く投げるとか、コントロールをつけて投げるための一つとして真似をしています。その「ボールを投げる」という目的が失われてなければ、真似をしても良いのです。ただ、アスリートの映像を見ながら形そのものを教えてしまうのはオススメできません。それでは自己流の動きにならないからです。

子どもはコピーをしようとしてもなかなかできません。ですから大人は、子どものインスピレーションを大事にしつつ、その子がどんなアスリートを好きなのかを微笑ましく思いながら見守ってあげてください。

3章

初歩的な運動から始める!

4Stance

子どもの長所を伸ばす

弱点の克服より長所を伸ばしてあげよう

私がこれまでトレーニングなどで携わってきたオリンピック選手やアスリートの中にでも、キャッチボールをやらせたらうまくできないとか、泳ぎが苦手な人が何人もいました。体育の成績は良くなかったのに、今では世界的に有名になったダンサーもいます。それでも普段は世界を相手に戦っているわけです。

ひと言で「運動」と言っても幅広いのに、一つの運動だけを見て、「自分の子どもは運動オンチ」と考えてしまっている大人が多いように思います。その上、その苦手な運動ばかりを練習させてしまっては、子どもはネガティブな思いをするばかりです。

なわとびが苦手な子に、なわとびばかりをやらせていませんか?

国語は苦手だけど算数が得意な子もいれば、社会はあまり好きじゃないけれど、音楽には自信があるという子がいるように、得手不得手は誰にでもあります。それと同じで、運動の面でも球技が得意な子、バランス感覚の良い子、カラダを柔らかく使って踊るのが好きな子、こつこつと長い距離を走れる子、相撲が強い子と、子どもの特徴は様々です。

すべてのスポーツや動作を完璧にこなせる人なんていません。ですから子どものうちは、興味があることをたくさんやらせてあげることです。幼い頃から「始めたんだから最後までやりなさい」というよりは、やってみてできないことがあったら、「じゃあ、これをやってみようか」と別の可能性を探ってみることも重要だと思います。

親は良かれと思って弱点を補強させようとしてしまいがちですが、そうではなく、子どもの長所を発見し、その長所を伸ばす。そういう意識で子どもに接することで、子どもの運動に対する苦手意識は減ることでしょう。

子どもに「競技性」は必要ない

子どもにとって運動はまずは「遊び」でいい

1章では、「運動のおもしろさを教えてあげましょう」というお話をしました。ここで大人が気をつけなければいけないのが、子どもに競技性を求めないということです。

試合に勝たせたい、一流選手にしたい。そんな思いから高度な技術指導に走ったり、勝利至上主義から厳しい態度で指導に一生懸命になる方が多くいます。それは運動を「競技」ととらえ、プロの選手やアマチュアのトップアスリートがしのぎを削っているものと同等に考えているからです。そうした姿勢は大人のエゴに過ぎません。

子どもにとって運動は、まずは「遊び」でいいのです。

子どもに競技性は必要ありません。遊ぶ感覚を主体にしてカラダを動かす行為を運動と呼んであげなければ、子どもがかわいそうです。**「このスポーツをやりなさい」「勝つためにこういう練習をしなさい」では、子どもが運動の楽しさを知ることはできません。**やがてやる気も失い、運動嫌いになってしまうのは当然の流れです。

もちろん、子どもが自ら勝ちたい、一流選手になりたいというのであれば大人もそれ相応の接し方が必要になりますが、基本的に大人は子どもに競技志向を持たず、楽しんで遊ばせることが大切です。

○成功体験から自信が身につく

足が遅いからと、ひたすら走らせる。逆上がりができないからと、鉄棒を延々と練習させる。これはよい指導法とは言えません。

いつまで経ってもうまく行かないのですから、子どもは楽しいはずもなく、やがて飽きて、やる気も失ってしまうでしょう。壁に何度もぶち当たれば、いつかきっと乗り越えてくれる、いつか壁を突き破るだろうと思うのは、大人の身勝手な幻想です。

子どもにとって大切なのは、成功できる練習を必ず入れてあげるということです。「できた!」という事実と感覚が子どもの自信をふくらませ、次の

段階への意欲やモチベーションになるわけです。

後ほど詳しく解説しますが、たとえば足の遅い子には、水の入ったコップを持ってこぼさないように歩く。逆上がりができない子には、プールの中でカラダを後方に回転する。そのように「できない運動に関連した〝できること〟で成功体験をさせることが、できるようになるための一つの方法です。

そしてもう一つは、できない運動に関連していなくても、できる動きをやらせる方法です。気分転換にもなりますし、「この動きならできる！」と自信を持つことが重要で、それによって本来できるようにしたい動きの解決の糸口をつかめる可能性も出てくるのです。

遊びのタスクを増やす＝課題を与える

子どもの運動能力は、楽しく遊ぶだけで十分に高まります。ただ、能力をより高め、かつ発育や発達にも良い影響を及ぼすのが、遊びの中にタスク（課題）を増やしていくことです。

たとえばオニごっこ。細かいルールは地域や世代によって異なりますが、オニが他のみんなを追いかける誰もがやったことのある遊びです。最初は楽しくても単純すぎると、だんだんマンネリ化し、飽きてきます。

そこで逃げられる範囲を狭くするとか、グループ分けしてオニが追いかける人をその都度限定するなど、何かしらのタスクを加えることで、オニごっこがよりおもしろくなります。

ある大学の先生は、幼児期に運動能力を高めるキーワードとして、「デュアルタスク」という言葉を挙げています。たとえば片脚立ちの状態で計算問題を与えると、計算に気を取られ、バランス能力が低下します。これを2つの異なる課題を同時に進める訓練を行なうことで、次第にできるようになっていくという考え方です。

そのように**遊びの中に新しいルールを加えるというのは、子どもの発想力**

も育みます。

また、タスクを加えながら少しずつ遊びを複雑化していくと、子どもの運動の「質」を高めることにつながるのです。

子どもには、大人が我慢しながら教える

スポーツに関しては、親が小さな子どもに教えることはおすすめしません。教えるにしても、指示はシンプルに一つだけにしましょう。

熱心な親御さんほど、子どもにいろいろな知識を与えようとし、一つ身につくと、すぐさま新たな注文をしてしまいがちです。

これでは子どもは気が休まるときがなく、頭はどんどん混乱します。プロスポーツの世界でさえ名コーチは選手に多くを語らず、温かく見守ってあげるというケースがよくあります。自分で考えようとしない限り、本当の意味での成長はできないからです。

子どもをよく観察していれば、うまくいかないときに天を仰ぐ瞬間があり

ます。**大人はそこでひと言、ヒントを与えてあげたり、一生懸命やっている過程を褒めてあげたりすることが必要**なのかもしれません。

ちなみに、シンプルな指示で新しい技術を習得させたり、新たな注文をする場合、他の部分のレベルは下げなければいけません。たとえばピッチング練習をやるとき、ある方法で速球のスピードが身についた。では次にこれをやろう

と取り組むと、いったんスピードが落ちてしまうのは仕方がないことなのです。スピードを維持したいなら、身についた地点で待ってあげること。大人が問われるのは、子どもが上達するのを待てるかどうかです。短期間に、たくさんのことを教えるのではなく、今の段階ではここまでにしておこうという〝ゆとり〟を常に持ってください。

運動を子どもの肉体労働にしてはいけません。

親も、子どもと一緒に運動して楽しもう

大人が小さな子どもに運動させるとき、言葉だけで指示し、完結してしまっていませんか？　実はそれが一番いけないことです。

親子なら親も一緒に動いてあげましょう。**上から目線ではなく、子どもと対等な立場になって親もその運動を楽しむ。**カラダを動かすことが楽しいものだと植えつけてあげないと、子どもにとっては厳しい訓練に過ぎません。10

年後に思い出したとき、この時間が楽しいものだったと記憶として持てるような接し方をしてほしいと思います。

私は仕事柄、よそのお子さんとキャッチボールをする機会が多くあります。そういうとき、その子と同い歳になった気持ちで投げるようにしています。変化球を投げて、驚かせてあげることもあります。子どもはそのように大人が自分を同等に扱ってくれるとうれしいのです。気を使って弱いボールを投げてあげても、子どもは「僕に対して遠慮しているな」と敏感に感じるものなのです。

大人にとっても、子どもと一緒に遊ぶことで学ぶことがたくさんあります。大人が何気なくできる動きも子どもには難しかったり、逆に大人がぜんぜんできないことを子どもはいとも簡単にできたりします。自分の子どもであれば、その成長をつぶさに感じることもできるでしょう。

子どもと一緒に遊ぶ機会を、ぜひ多く作ってあげてください。

まずは、立ち方を身につける

正しく立つことがすべての動作の基本になる

運動ができる、できない。その前に、きちんと立つことから始めましょう。すべての動きの基本は「正しく立つ」ことにあります。

毎日の生活の中で立っているのだから、そんなこと教わらなくてもできる、などと簡単に考えないでください。**動作にスムーズに移れる姿勢が正しい立ち方であり、カラダの能力自体に直接的に関与します**。地面にただ突っ立っているのは、正しく立った姿勢とは言えません。

定義づけるならば、両脚の土踏まずが作る円の上に自分の頭が乗っている状態です。4スタンス理論のタイプ別は考えず行なってください。全身のどこにも緊張のない感覚が、人がもっとも安定して立てる立ち方です。

力まずに安定させる
両脚立ち

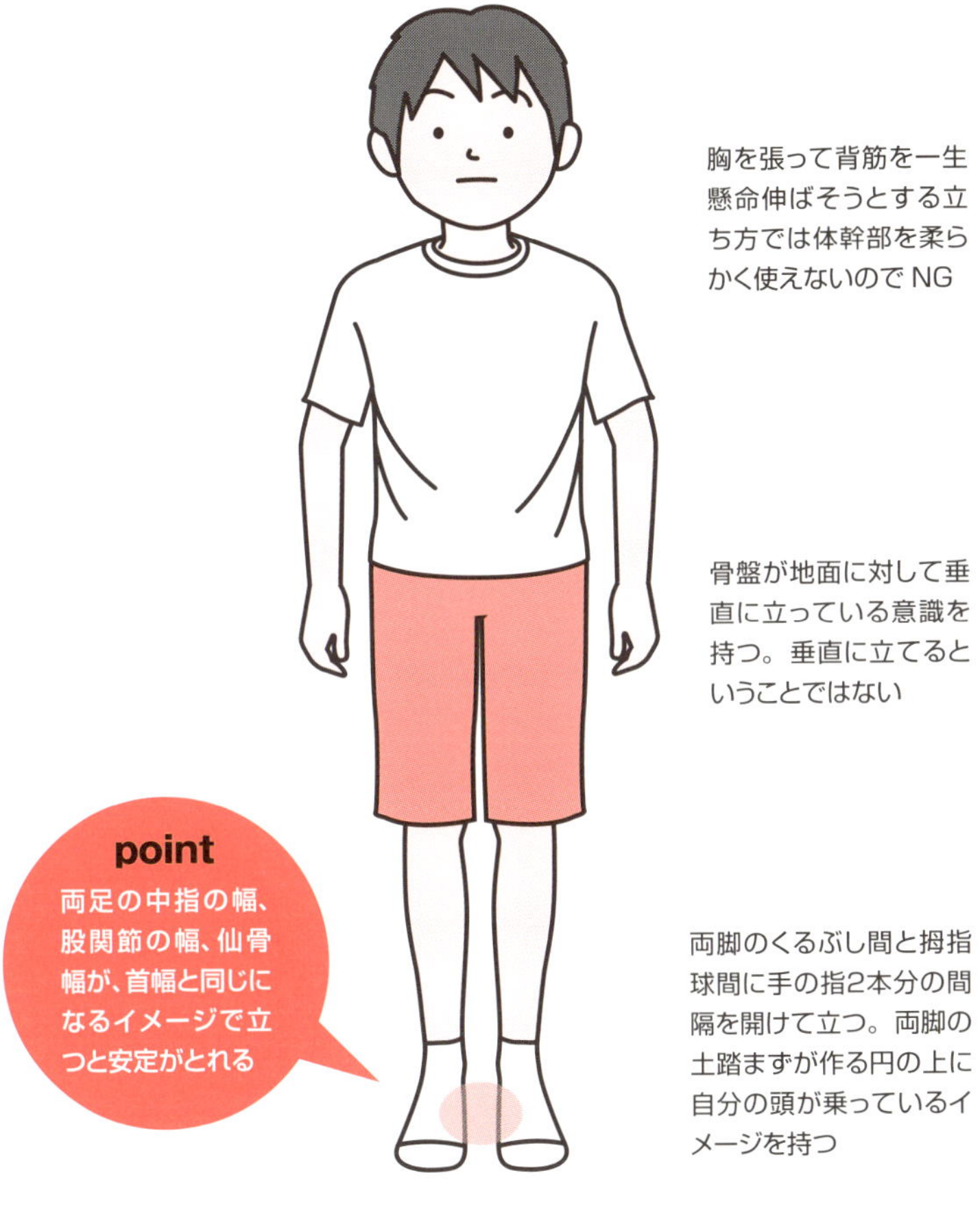
point
両足の中指の幅、股関節の幅、仙骨幅が、首幅と同じになるイメージで立つと安定がとれる
胸を張って背筋を一生懸命伸ばそうとする立ち方では体幹部を柔らかく使えないのでNG
骨盤が地面に対して垂直に立っている意識を持つ。垂直に立てるということではない
両脚のくるぶし間と拇指球間に手の指2本分の間隔を開けて立つ。両脚の土踏まずが作る円の上に自分の頭が乗っているイメージを持つ

動作につながる片脚立ちとつま先立ちをする

正しい立ち方が身についたら、次は「片脚立ち」と「つま先立ち」を行ないます。片脚立ちやつま先立ちは、「歩く」「走る」「跳ぶ」動作につながり、あらゆる運動やスポーツの様々な局面で必要になってくる動作です。

片脚立ちは、両脚立ちから一方の足に重心を移すということ。両方の脚の上に共通かつ同圧の軸線を作っていた両脚立ちと異なり、片脚立ちでは足が地面に接している側に上半身の重心を動かしていきます。**骨盤をコントロールして脚を上げていくのが理想**です。

つま先立ちは、正しく立つときの足幅や、土踏まずの上に頭が乗っているという感覚はそのままで、土踏まずを左右同圧で地面に向かって垂直に立てていきます。かかとを上げようとすると上体が前後動かしやすくなるため、足底の関節を駆動させ、足裏の形を変えるだけの意識で十分です。

足裏の形を変える
つま先立ち

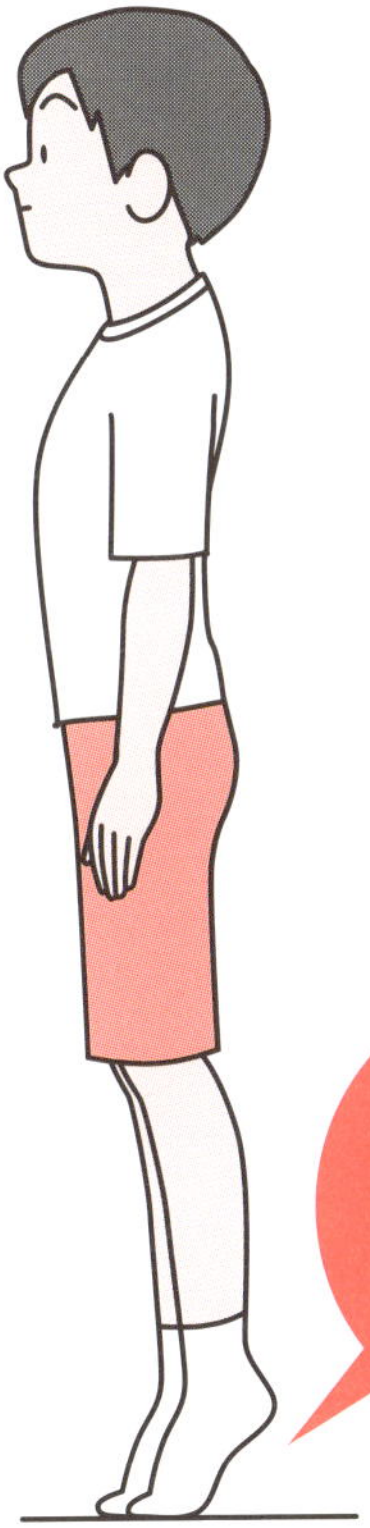

point
自分の土踏まずを後ろの人によく見せる意識を持つと、地面を両足均一に踏むことができる

かかとを上げようとすると、カラダは前後動を起こし、軸線を失いやすい。立位のときに意識した仙骨や肩甲骨の位置が座標上、大きくずれないようにイメージする

上体を重心移動させる
片脚立ち

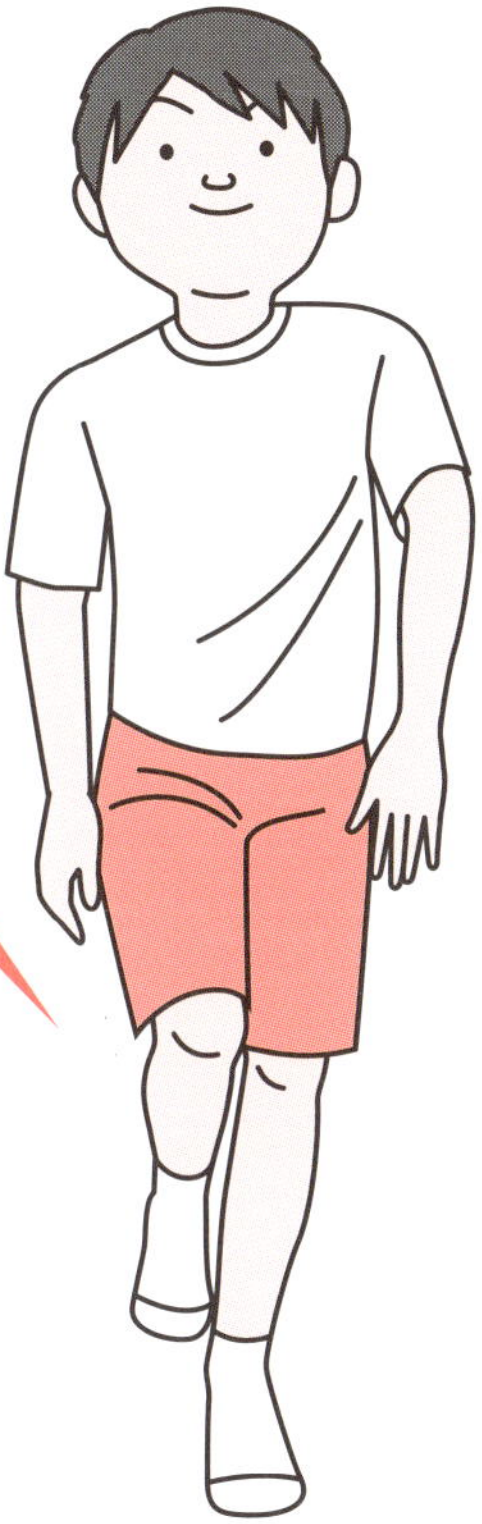

point
重心が乗っていないほうのヒザを曲げ、足を上げていくと、ダイナミクスなカラダの使い方ができる

自分の左側頭部が左の土踏まずの上にしっかり乗ったという認識を持つと、体幹部が自動的に変形し、重心は左側上に移っていく

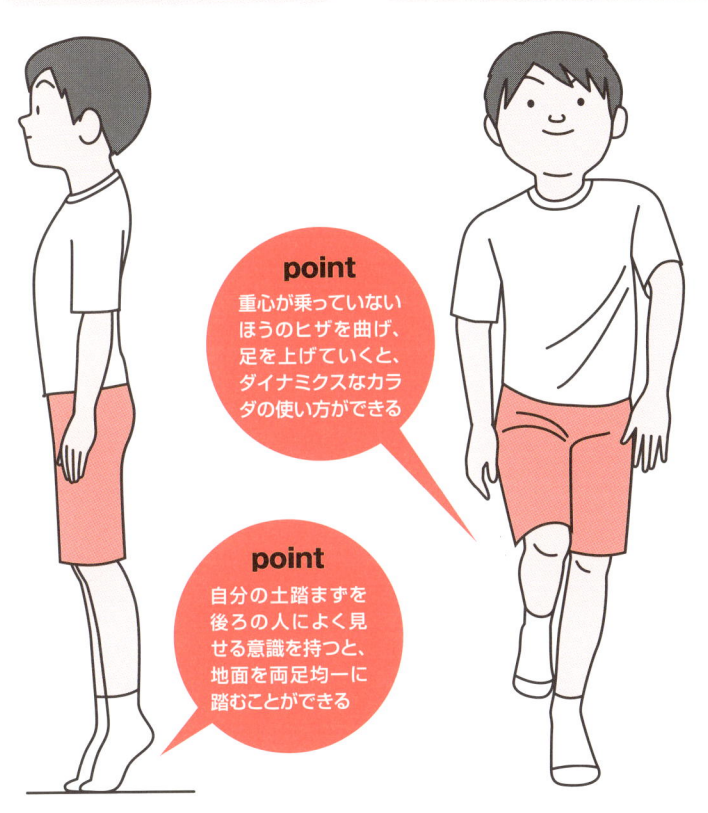

正しい座り方を身につける

すぐに立てないのは正しく座れていない証拠

カラダをうまく使えるようになるには、正しく立つことと同様、「正しく座る」ことも身につける必要があります。

動作にスムーズに動くことを前提と考えるなら、イスにドスンと腰を落とすのは正しい座り方とは言えません。座っている状態からすぐに立つことができないのは、単に楽をしているに過ぎないのです。

私はここ数年、有望なジュニア世代のゴルファーを指導しています。その合宿ではいつも「立つ」「座る」練習から始めています。プロ野球の世界でも、新人キャッチャーに、まずしゃがみ方から教える指導者もいます。座るという動作は、運動においてはそれほど重要だということです。

骨盤の上に頭がくるように

イスに座る

❶ イスの前に正しく立ち、土踏まずの上にある自分の頭をゆっくりと下げるようにしてしゃがんでいく

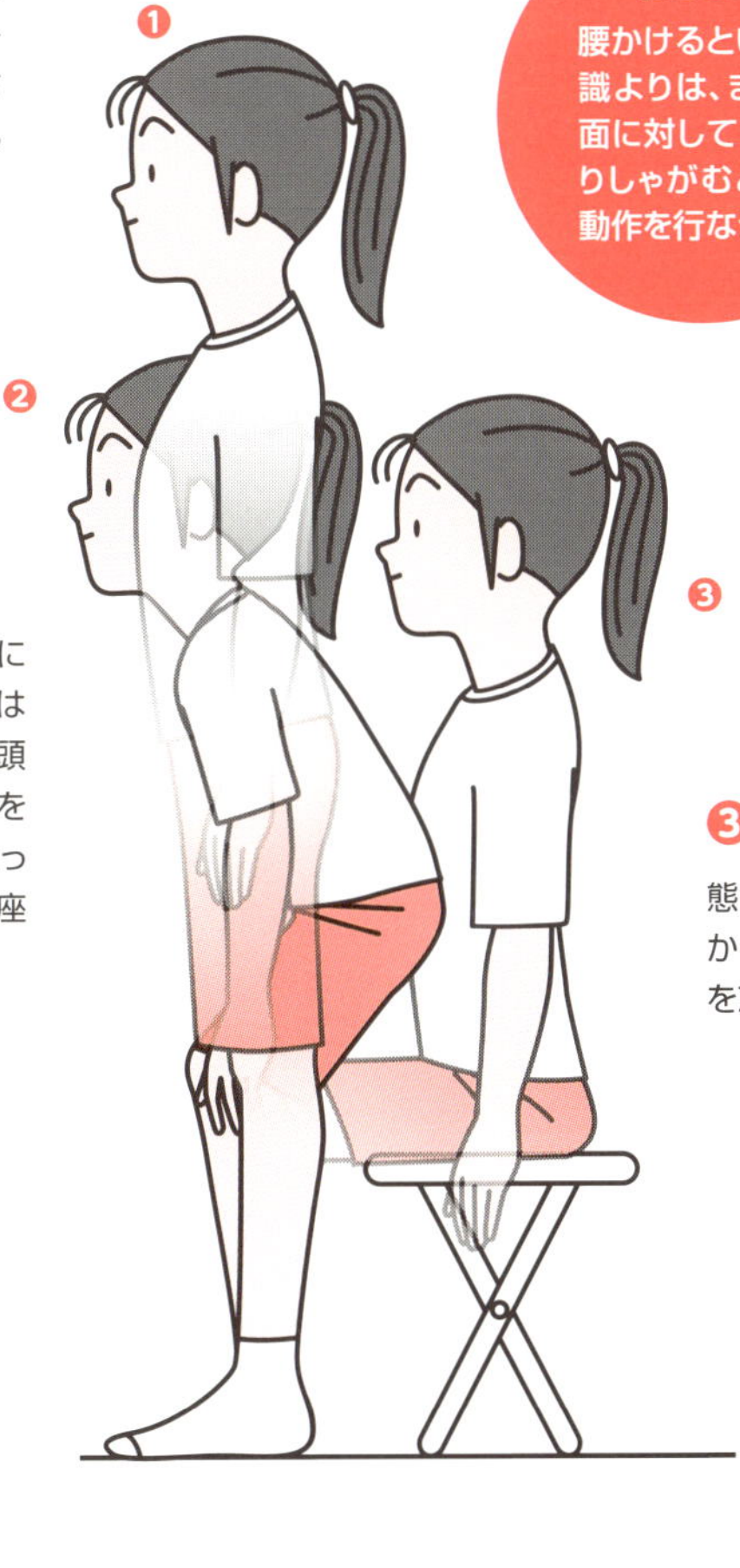

point
腰かけるという意識よりは、まず地面に対してしっかりしゃがむという動作を行なう

❷ お尻が座面上に来たら、今度は骨盤の上に自分の頭が乗るように意識を変えると、骨盤が立った姿勢で安定して座ることができる

❸ 上半身の力が抜けている状態で、地面をしっかり踏み込むことを忘れない

床をゴロゴロと転がる

床を転がって体幹部の柔軟性を養う

床の上に寝そべってゴロゴロと転がる動きも、子どもの運動能力を磨くうえではとても重要です。これによって**体幹から始動すること、そして自分と空間の位置関係を瞬時に理解する力が身につきます**。アメリカンフットボールや野球の選手が、前を向いて走りながら、背中側から飛んでくるボールを追いかける場面のように、どのように動いたら目標物が自分のカラダのどちら側にあるかという〝ジャイロ機能〟が発達するのです。

また、床を転がる動きを繰り返すと、重心のコントロールによって体幹部の柔軟性が高まり、マット運動や柔道の受け身などにも役立ちます。さらに全身で大きな出力を出せるようにもなります。

重心をコントロールして
床を転がる

point
伸ばすことで軸になっている手と脚の直線状に体幹部が動いていることを意識する

❶ うつ伏せの体勢になり、肩から先の腕と手、頭、股関節から脚までを地面と水平になるように浮かせる

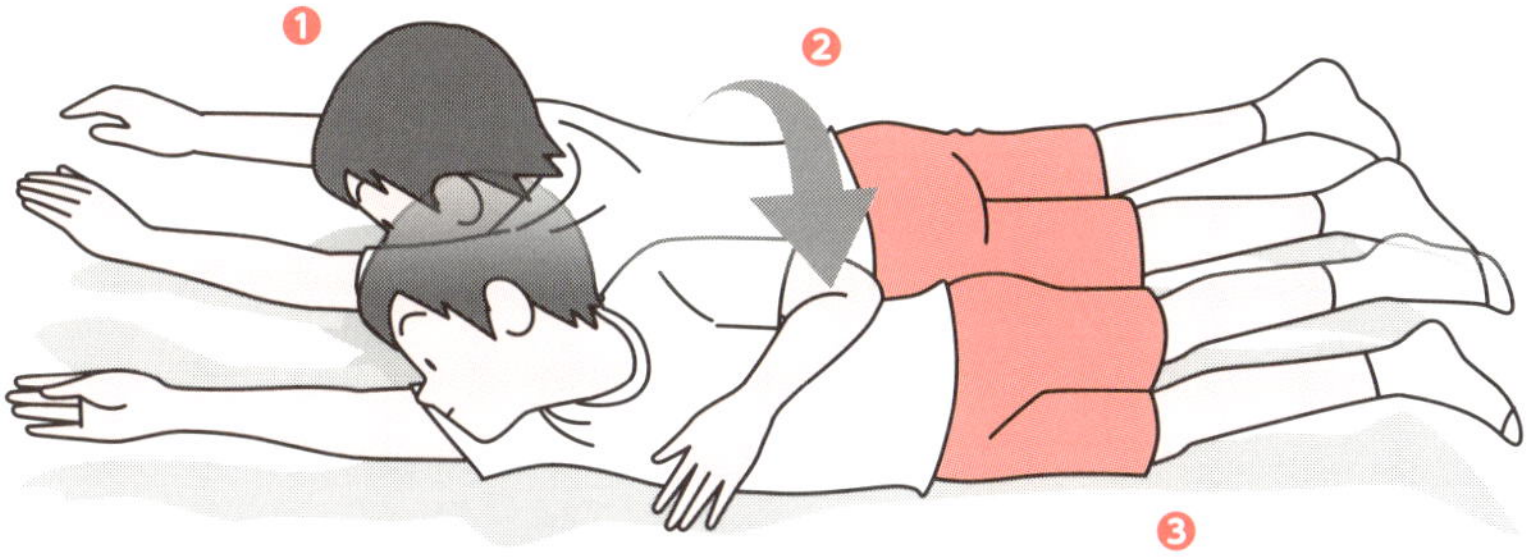

❷ 体幹部だけが地面についている状態から、転がりたい側の手と脚を結ぶ直線に軸を作るイメージで、重心を移動させるとカラダは回転する

❸ 90 度回転して仰向けになったら、先ほどとは逆側の手脚を結ぶ直線を軸とし、重心を移動させながら回転する。逆回転も同じようにできるのが望ましい

その場でとびはねる

とんだりはねたりしてカラダの強度を増す

とびはねると、カラダの重さの何倍もの重力を感じます。子どもの脳は、とんだりはねたりという動作を繰り返す中で、その衝撃に耐えられる骨を作ろうとします。そうやって骨が丈夫になり、やがて激しい運動ができるカラダが形成されていきます。

また、ジャンプのように重力に反発する動きでは、自分の力を一瞬のうちに引き出すことが求められます。**きちんととぶことができると、運動やスポーツに欠かせない瞬発力を養えます**。

ポイントは体幹を使って〝1挙動〟でとぶこと。着地もドスン！とせず、カラダ全身を使って、衝撃を吸収する意識を持ちましょう。

瞬発力を養うために

とんだり、はねたりする

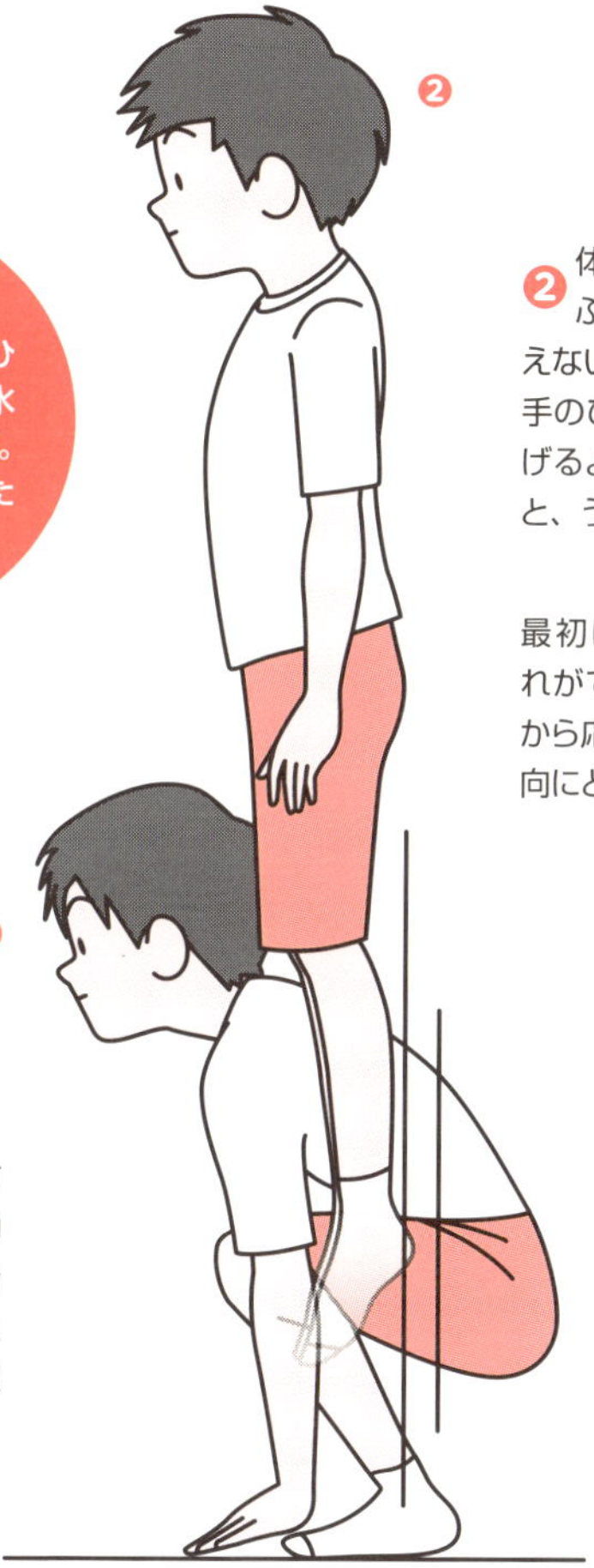

point
着地のときも手のひらを地面に対して水平にするイメージ。これにより安定したジャンプができる

❷ 体幹部が硬いままとぶと、脚の力しか使えない。全身を使うには、手のひらで地面を押し下げるようにしてからとぶと、うまく体幹を使える

最初は真上にとぶ。それができるようになってから応用として前や横方向にとぶ

❶ 脚の力を抜いて、上方向にとぶという２挙動のやり方はNG。地面を踏みつけるように腰を落とし、さらに強く踏んで上空にとぶ１挙動で行なう

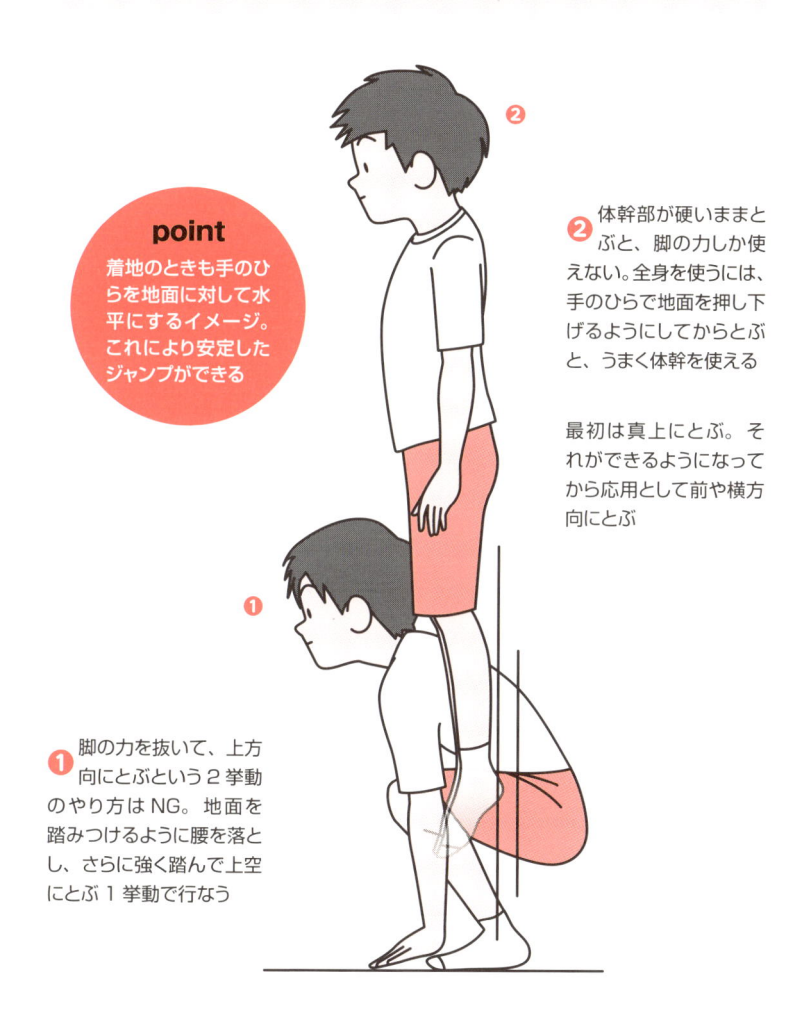

いろいろな遊びをしよう

子どもの遊びには運動の基礎がつまっている

最近は外で元気に遊ぶ子どもが減ったように感じます。しかし、子どもの遊びには、運動の基礎となるものがたくさんつまっています。

たとえば、長なわとびは、全員で一斉にとんだり、1人ずつ入ってとんだらすぐに抜けるなど、やり方はいろいろありますが、リズム感や跳躍力、心肺機能などが鍛えられます。また、身体的なメリット以外でも責任感や協調性が芽生え、これはチームスポーツにおいて欠かせない要素です。

この後紹介する遊び以外でも、オニごっこ、ドロケイ、竹馬、一輪車、ゴム跳びなど、たくさんの遊びがあります。友だちと、あるいは大人と一緒に楽しみながら、動けるカラダを身につけましょう。

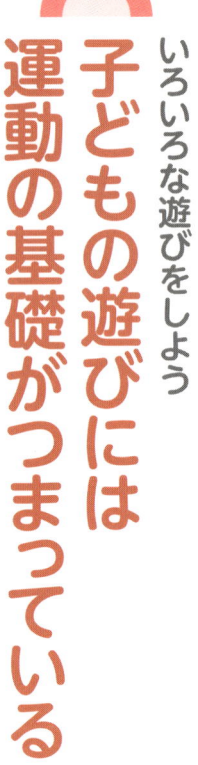

運動の基礎がつまった

いろいろな遊び

全身でカラダを動かすことが大切。小さい頃から部分的に筋力を使わないようにすることで、ダイナミクスな動きを手に入れられる

column

人が変わる瞬間には『！（ビックリマーク）』が必要

プロ野球チームのあるコーチから「（4スタンス理論でいう）B2タイプなのに、B2タイプのバッティングがうまくできない選手がいる」という相談を受けたことがあります。タイプチェックをしても間違いはないし、一つひとつの動作はきちんとできる。しかし、バッティングフォームになると、なぜかB2タイプの動きができませんでした。

いろいろ調べてわかったのは、その選手が立ち姿勢を無理やり作り込んでから打撃の構えに入っていたことでした。どのタイプでもない形を作ってから、自分のタイプの動作に入ろうとしても絶対にできません。そこを指摘すると、その選手はすぐに本来のバッティングを取り戻しました。

トップアスリートであろうと一般のお子さんであろうと、その人が変わる瞬間、あるいはその人を変えたい瞬間には、『！（ビックリマーク）』が必要だということです。本人が「なるほど!」と納得できないと、試行錯誤が続いたり、変わるきっかけをついつい忘れたりしてしまいます。『！』がつくことで今までよりも取り組んでいる内容が自分の中で揺らがなくなることで頑張ることが楽しくなります。

指導者や親は子どもに対してあれこれ細かく教えるのではなく、『！』になる要素を見つけてあげるようにしてください。

4章

かけっこを速くする！

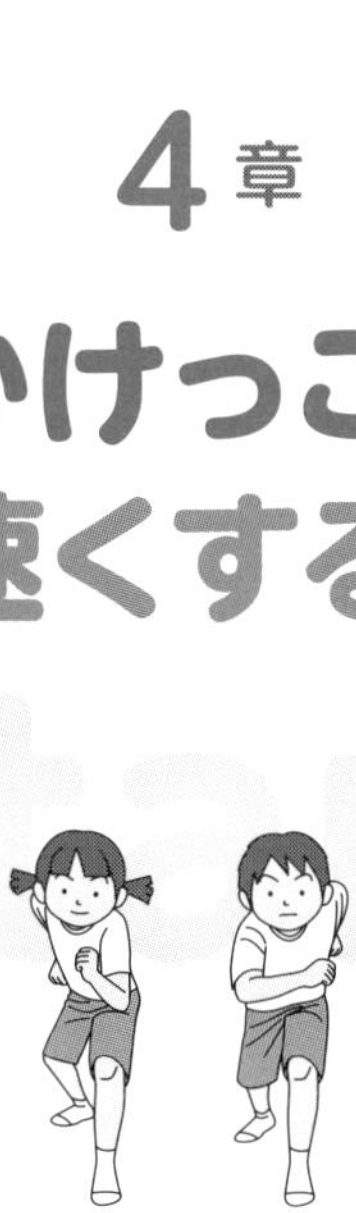

正しい歩き方を身につける

かけっこが遅くて苦手なら歩き方からおぼえよう！

苦手なかけっこを克服するには、正しい歩き方を身につけることから始めます。普段、何気なくやっている行動ですが、「歩く」という動きの定義をきちんと理解できているでしょうか？

「歩く」動きを定義づけると、次のようになります。

首幅で立った状態の左右の脚からまっすぐ前方に2本のレールが伸びていると想定します。**体幹部を移動させながら作る軸が、2本のレール上に交互に乗り込み、それに伴って左右の脚もそれぞれのレールの上に着地させていきます**。そして、前に出る脚の土踏まずの上に常に頭が乗り込むことで前進するのです。手脚（腕と脚）が振り子のような動きになってしまうのはNGです。

イメージするのは

前方に伸びた2本のレール

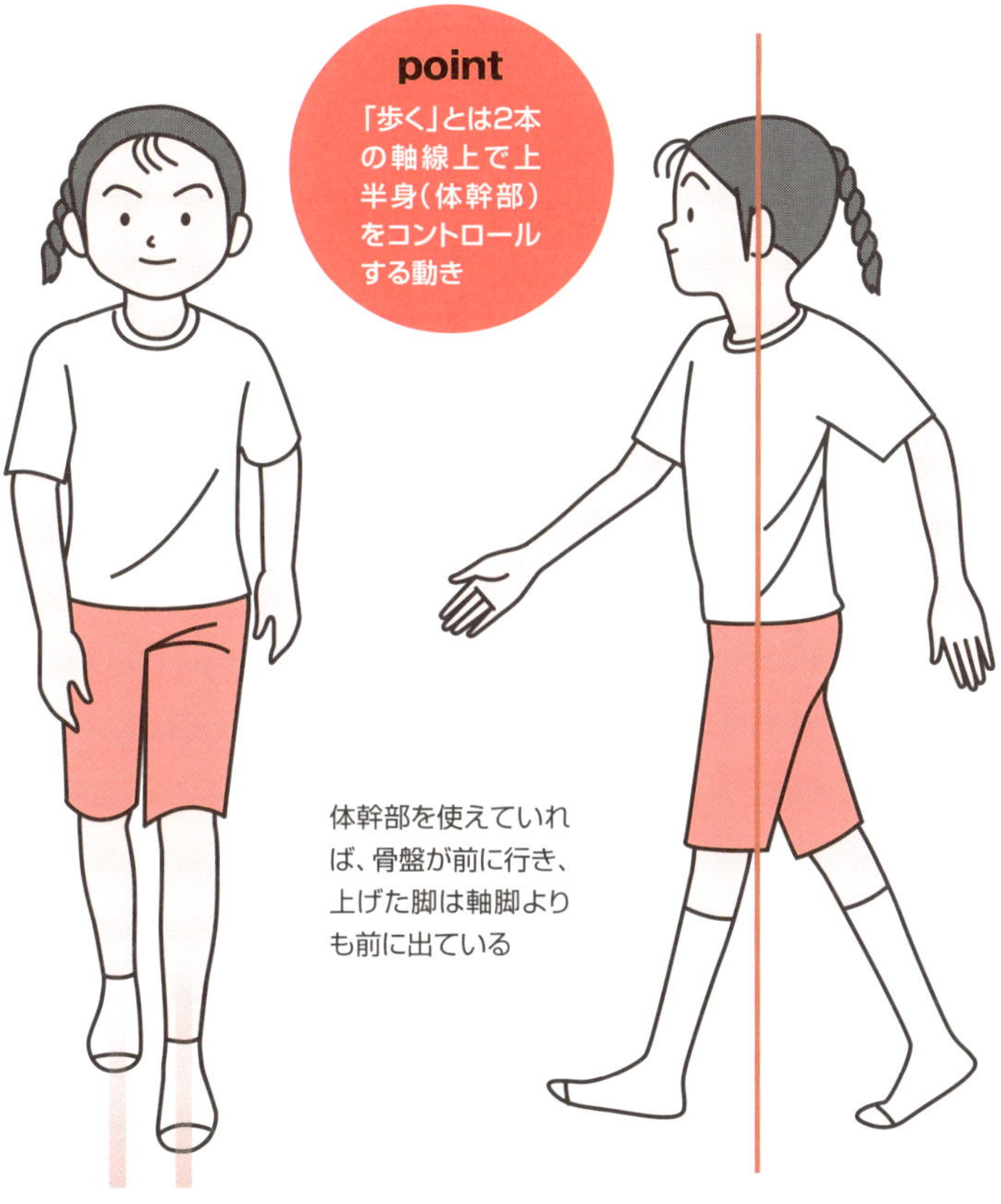
point
「歩く」とは2本の軸線上で上半身(体幹部)をコントロールする動き
体幹部を使えていれば、骨盤が前に行き、上げた脚は軸脚よりも前に出ている

自分の前方に脚幅の2本のレールが伸びているとイメージする。ヒザを曲げずに片脚立ちを行ない、カラダの軸が軸脚側に移ったことを感じながらヒザを曲げ脚を上げていく

メインは手脚ではなく

体幹部の動き

OK
point
上半身の移動とともに土踏まずの上に自分の頭が乗るように着地する

体幹部を使い、反対側の脚を上げながらカラダの軸を逆側に移動させる。この動きを左右で繰り返す。脚が上から着地できるので、滑りやすい場所でも安定した歩行ができる

手脚を単体で動かす
振り子運動はNG

point
体幹部が動かず、手（腕）と足（脚）の振り子運動だけでは、カラダを効率よく前に運べない

重心移動や軸がないまま脚を上げると、その脚は振り子の動きとなり、上体を前に倒すようにして脚を着地することになる。これでは前進したいカラダの動きに対し、骨盤のベクトルが後ろ向きに働き、正しい歩き方の半歩分しか進まない

NG

ストップをかける脚の動きにより腰やヒザを痛める危険や、滑る場所ではより滑りやすい歩きになる

体幹部を自在に動かすためにおすすめ「キャット&ドッグ」

「歩く」や「走る」はもちろん、多くの運動において体幹部を動かしたり、自在にコントロールできることが大切です。

そこでおすすめしたいのが、「キャット&ドッグ」です。

文字どおり、猫や犬のように四つんばいになり、**手や脚を安定させることで、体幹部を柔軟に、かつしなやかに動かすのが狙い**です。この姿勢を作ってみると実感できると思いますが、体幹部だけが動くので、体幹部のダイナミクスな可動性を引き出すことができるのです。

そこから片手や片脚を浮かせてまっすぐ伸ばすと、難易度が上がるので、お子さんのチャレンジ精神にも火がつくかもしれません。

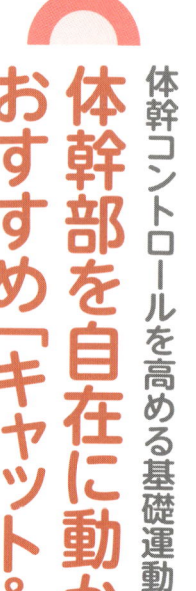

四つんばいになって

体幹部を自在に動かす

point

両手と両ヒザの4カ所を同圧で押さえる意識を持つと、より安定し、体幹部の動きが出てくる

首幅、股関節幅の正しい正座からお尻を浮かせて上体を前に出し、腕が地面と垂直になるように肩幅で両手をつく。そのとき仙骨と肩甲骨が地面と水平で、眉間と胸が地面にまっすぐに向いていること

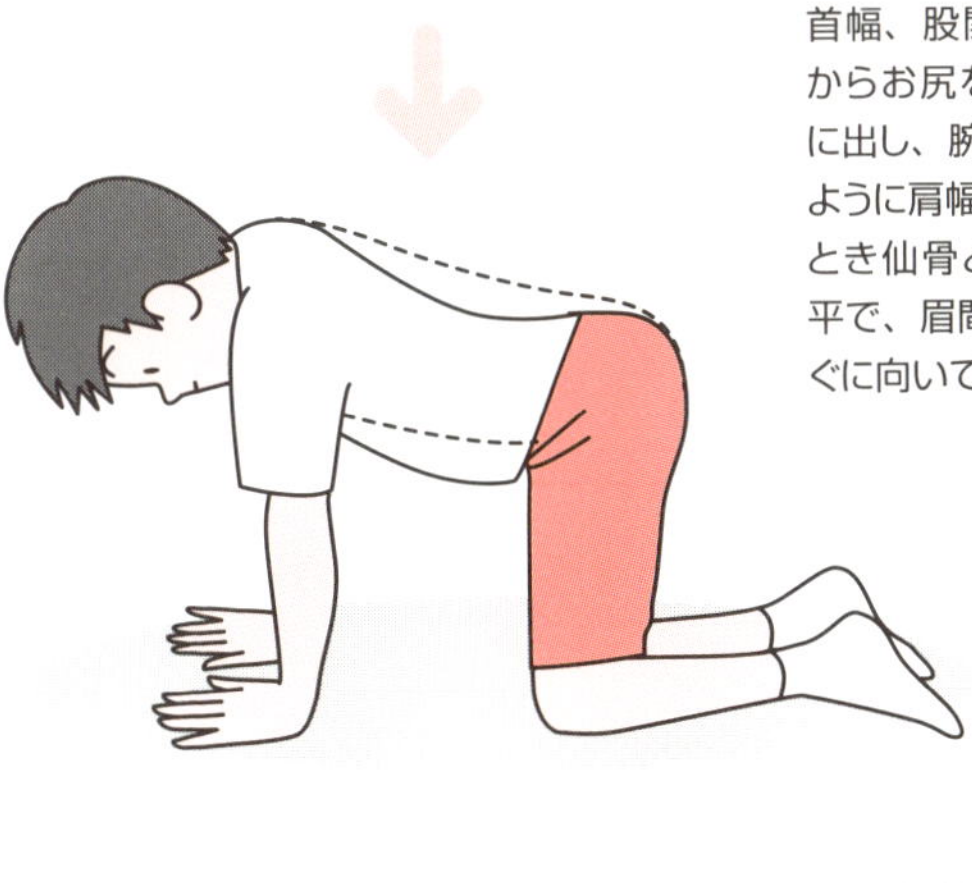

その状態から体幹部を天井側、あるいは床側に向かってたわませる。
ゆっくり呼吸をしながら、力まないように大きく動かす

水をこぼさずに動く

体幹部をしなやかに使うためにコップを持って動く

キャット&ドッグで体幹部を動かせるようになったら、次は「歩く」「走る」に近い動きで、さらに体幹部のコントロール力を磨きます。

ここでは水の入ったコップを使い、水面ができるだけ波立たないようにしながら、しゃがんだり、立ち上がったり、あるいは片脚立ちをしたり、足踏みしたりします。**人間は歩く際、脳が揺れることを嫌うので、それを避けるためにカラダを安定させて使おうとします。**子どもにはわかりやすいように水入りのコップを使うということです。

体幹部をしなやかに使えないと、水がこぼれてしまいますが、こういった遊びの要素が子どもには楽しいはずです。

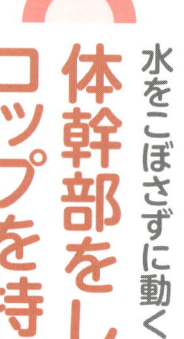

コップを持ち
足踏みをする

point
水平を意識して腕を固めてしまうと、胸の前でコップをキープできず、体幹部を自在に動かせない

片脚立ちやその場で足踏みを行なう。腕を固めてしまうと、体幹部が動かないので、上体や腕を柔らかく使いながら脚の曲げ伸ばしや入れ替えを行なう

コップを持ち
しゃがんで立ち上がる

正しく立った姿勢で、水の入ったコップを胸の前で両手で持ちやすいように持つ。そこから水面が揺れないように見ながら、ゆっくりしゃがみ、ゆっくりと立ち上がる

「走る」という動きとは？

カラダを1本の軸線上でコントロールするのが「走る」動き

2本の軸線上で体幹部をコントロールするのが「歩く」動きと定義するとすれば、「走る」動きとは、どう考えたらいいでしょうか。

自分の背骨を軸とし、その延長線上にまっすぐ前方に1本のレールが伸びていると考えます。体幹部を動かしながら、浮かせた脚側の股関節やヒザを1本のレール上に送り込み、着地をしたら逆の脚側も同じように動かし、それを交互に繰り返します。

つまり、カラダを1本の軸線上でコントロールするのが「走る」動きです。**歩く動きと比べると、全身のより多くのダイナミクスを使います**から、1歩の出力が大きくなり、必然的に移動の速度も速くなります。

手脚を動かすのではなく
胴体を運ぶ

point
1本の軸線上で脚をセンターに入れ込み、体幹部をダイナミクスに使う

手や脚を動かしたら速くなるのではなく、自分の胴体を前に運ぶことを意識する

大人が子どもの背中に触れながら並走したり、服の胸部分をつまみながら並走するのも効果的（ただし、後ろから押したり、前から引っ張るのはNG）

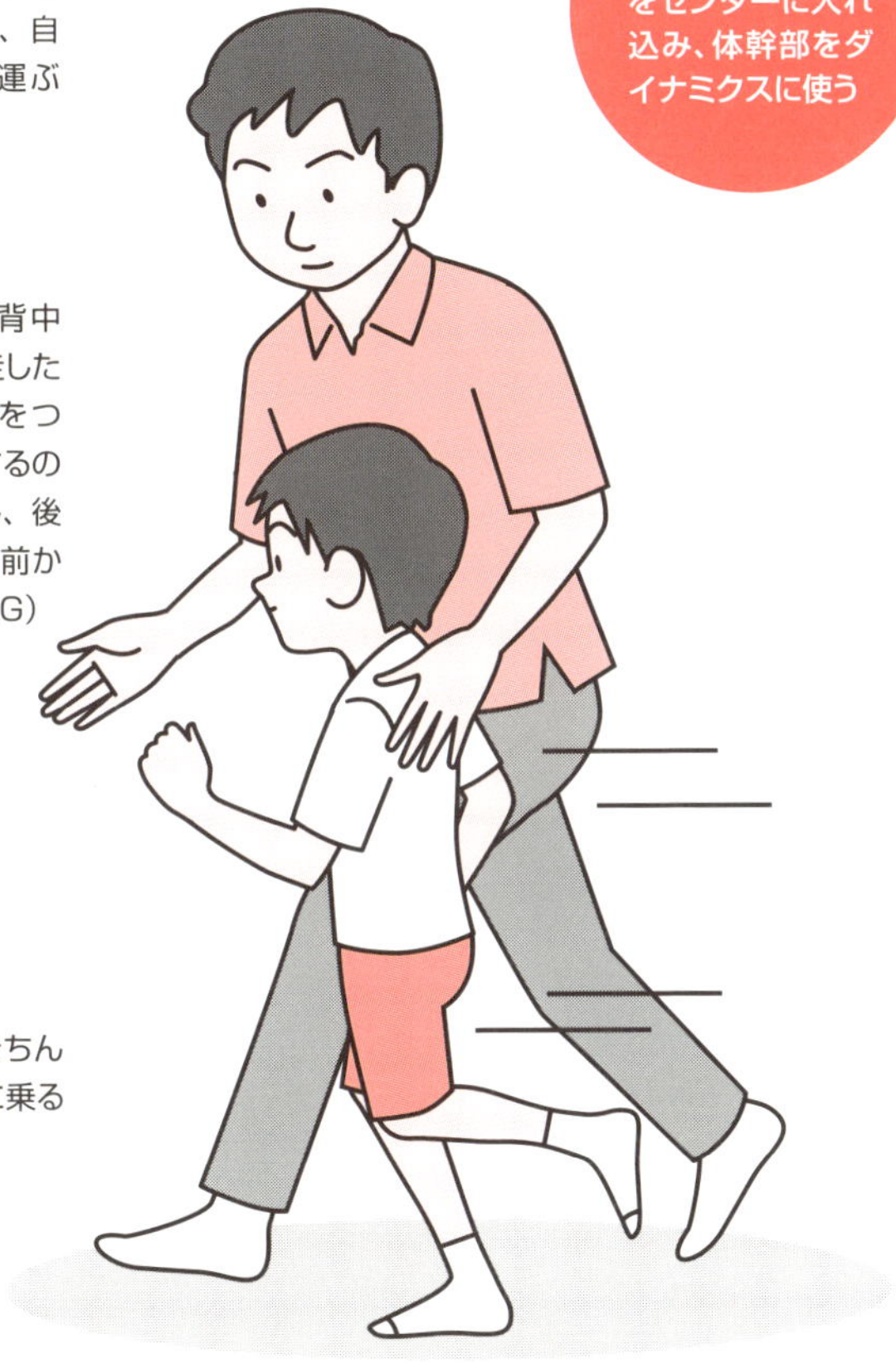

着地するときはきちんと土踏まずの上に乗ることも重要だ

かけっこでスタートを速くするコツ

自分の踏み出すタイミングと「ドン!」のタイミングを合わせる

かけっこで、スタート時にボーっと立っている子は、「用意ドン!」の合図で「ハッ!」と一瞬固まってしまい、スタートが遅れます。そういう子には、自分の踏み出すタイミングと「ドン!」のタイミングを合わせる訓練が必要です。

そこで、ここではカウントジャンプを紹介します。

やり方は簡単で、**大人が「1・2・3!」と数え、3のときにパン! と手を叩きます。子どもはそのタイミングでとぶ**だけです。タイミングをつかんだら、片脚ジャンプや両脚でいろいろな方向にとんでみましょう。

これはお遊戯やダンスでもある動きです。

両脚でその場で

カウントジャンプ

point

1・2・3！ の声を聞きながら3！ を聞いたタイミングでとぶ

「1・2・3！ でスタートしましょう」と言うと、「1・2の3！」で出てしまう子や、「1・2の3ハイ！」で出る子がいるので、そういうことがないためにも「1・2・3！」の、3のときに鳴らす手拍子のパン！ をしながらとぶことを徹底させる

体幹を運ぶ意識で

片脚でのカウントジャンプ

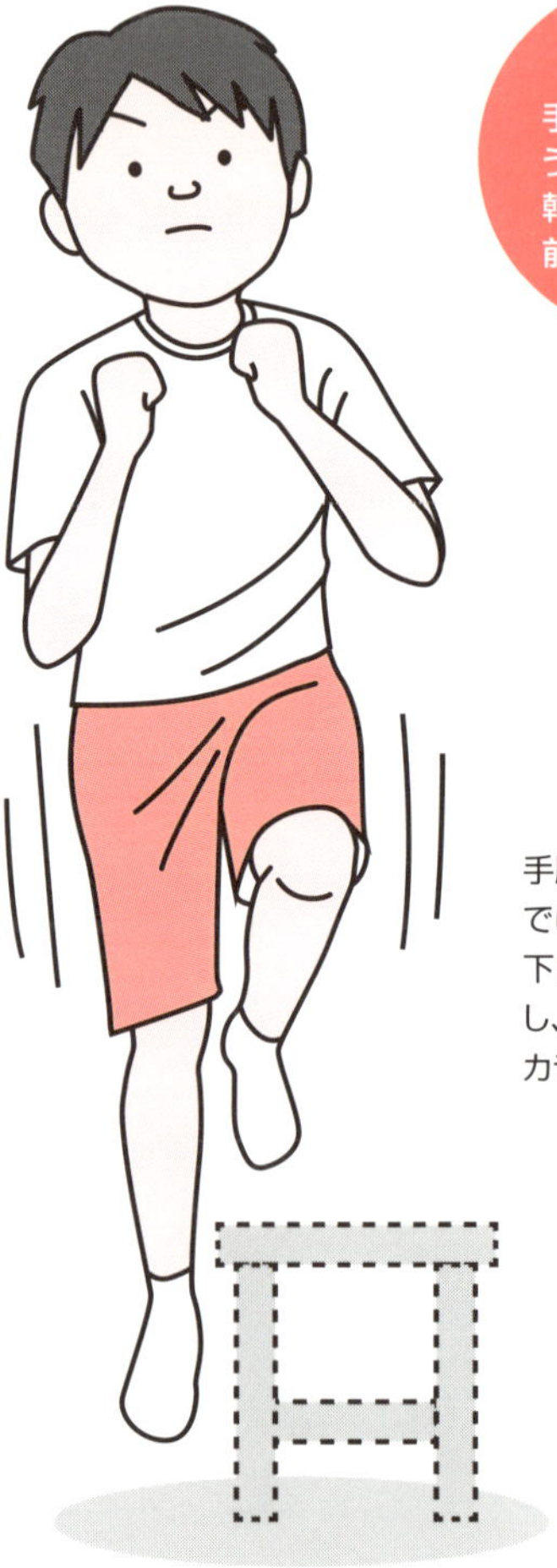

point
手脚の反動を使うのではなく、体幹を運ぶ意識で前進する

「1・2・3!」の3!を聞いたタイミングで片脚ジャンプ。できるようになったら片脚で前進する(=ケンケン)。これにより地面を踏む時間帯の作り方が身につく

手脚の反動を使う意識ではなく、上げた脚の下にイスがあると想定し、それを踏んで前にカラダを運ぶイメージ

四方に
両脚ジャンプ

「1・2・3!」の3!のタイミングで前や後ろ、横に大きくジャンプ。大人が一歩分前の胸の高さに手を置き、子どもはそこを目がけてとぶと上体を運ぶ動きをイメージしやすい

脚で
ライン引き

point
いろいろな動き方を取り入れることで体幹部を動かす意識が高まる

片脚でまっすぐ線を引けると、用意ドン!でフワフワ走り出すことなく、鋭敏な動作で一歩目を踏み出せる

かけっこで加速をつけるには?

基本的な体力がつけば走っているときの失速を減らせる

人間が無酸素運動で、つまり筋力エネルギーの爆発力だけで走れるのは、ほんの数秒間と言われています。それ以降は有酸素運動に変わるため、酸素を吸ってそれを燃やして走らなければならなくなります。

子どもの場合、爆発力で行けるのは「用意ドン!」からせいぜい10メートルぐらいでしょう。そこからあとは体力次第ですから、**元来体力の少ない子どもがどんどん失速していくのは当然なのです**。それに、速い人が加速しているように見えるのは、失速率が少ないからです。

子どもも体力がつけば、失速を減らせられます。そのためにはカラダを自由に動かすことです。別に走らなくてもかまいません。

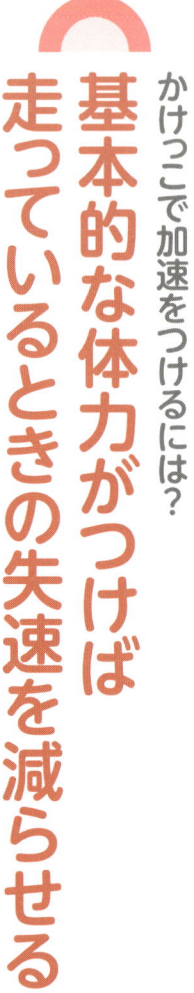

遊んで体力をつけ

失速率を減らす

point

日頃から思い切り遊び、体力をつけることでトップスピードが持続する

体力をつけるためには、走る練習ばかりをやらなくてOK。ジャンプやオニごっこなどで駆け回ったり、カラダを自由に動かす遊びをすればいい。プールで泳ぐことも体力アップにつながる

前脚軸のAタイプ 腕を斜めに振るクロスタイプ

この章でここまで解説してきた内容は、すべて一般的なことです。ただし、厳密に言うと、４スタンス理論におけるAタイプとBタイプ、あるいはクロスタイプとパラレルタイプとで、カラダの動かしやすさが変わってきます。

簡単なタイプ別の動作ポイントを見てみましょう。

たとえば**「用意」のときの構え方や、走り始めたときの腕の振り方、カラダのどこに意識を集中させるか、手の形はすべてタイプによって異なります。**

また、ゴールに飛び込むときのフォームもタイプ毎に違うので、正しい走り方が一つではない理由はそこにあります。

まずは、お子さんのタイプを知ることから始めてください（57ページ参照）。

脚を出すのか引くのか

スタンディングスタートの構え方

point
脚を引くか、出すか。手と同じ側の脚が前に出るか、逆側の脚が前に出るかで違う

「用意」のとき、片方の脚を残して、もう一方の脚を引いて構える人はAタイプに多く、一方の脚を前に踏み込んで構える人はBタイプが多い

同じ側の手と脚を前に出して構える人はパラレルタイプに多く、手と反対側の脚が無意識に前に出るのはクロスタイプに多い

勢いよく出るか、低空飛行か

クラウチングスタートの構え方

point

Aタイプは飛び出すように、Bタイプは低空飛行のイメージで

A タイプ

重心が前脚にかかるAタイプは、前脚近くに肩幅の広さで手をつく。お尻を上げたら、前脚でけり、両手で地面を押して、勢いよくスタートする

みぞおちの意識を
変えない意識

B タイプ

重心が後ろ脚にかかるBタイプは、前脚よりやや前で肩幅より広めの位置で手をつく。お尻を後ろへ引き、両手で地面を押しながら後ろ脚でけって低い姿勢でスタートする

首のつけ根の高さを
変えない意識

カラダをねじるか、ねじらないか

上半身の動き

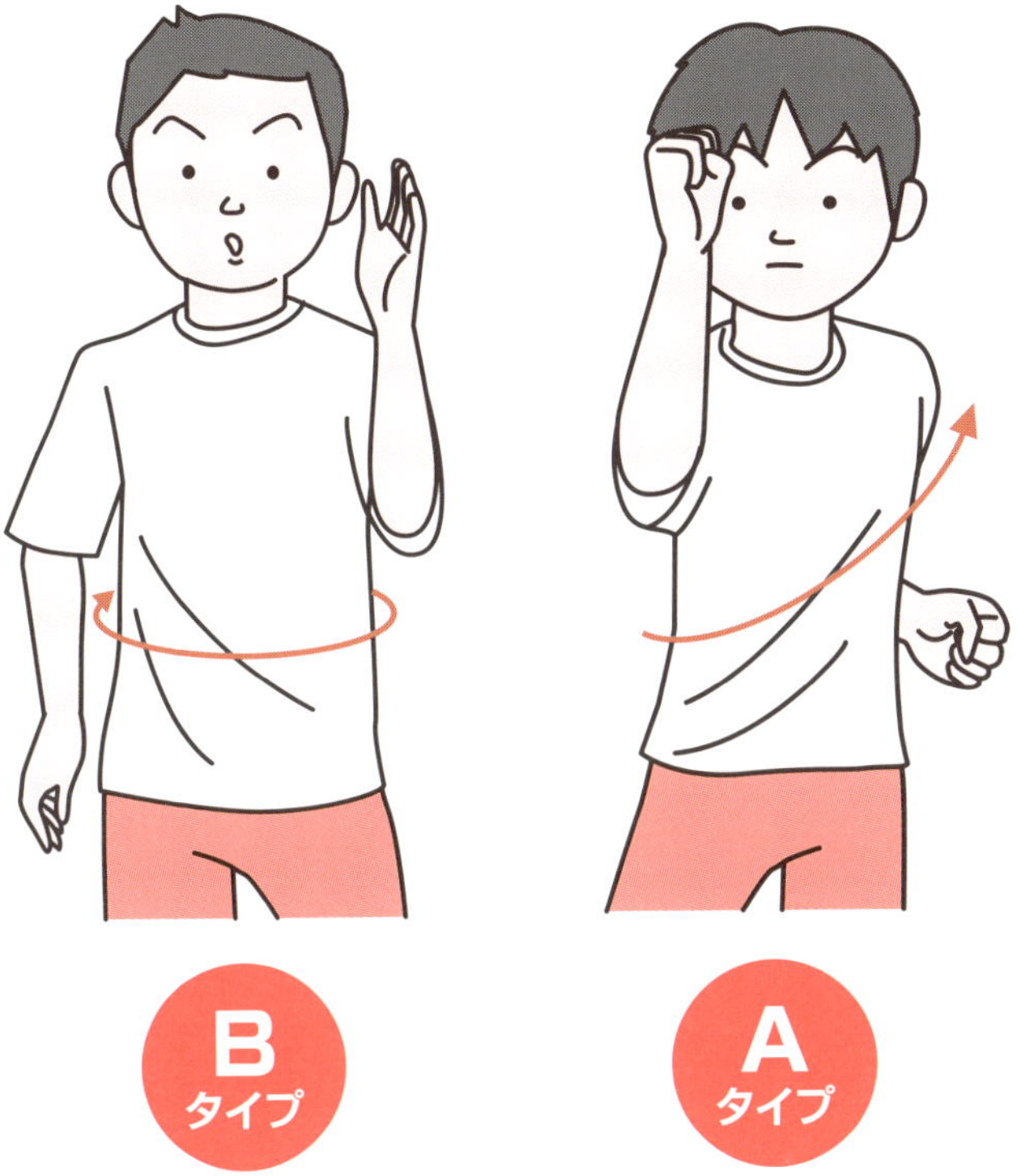

Bタイプはカラダは地面に対して水平に動き、肩を支点にヒジを振る

Aタイプはカラダがねじれる性質があり、ヒジを支点に手首を振る

大きく振るか、コンパクトに振るか

腕の振り方

point

大きく振るか、コンパクトに振るか。カラダの前に持っていくか、いかないかで違う

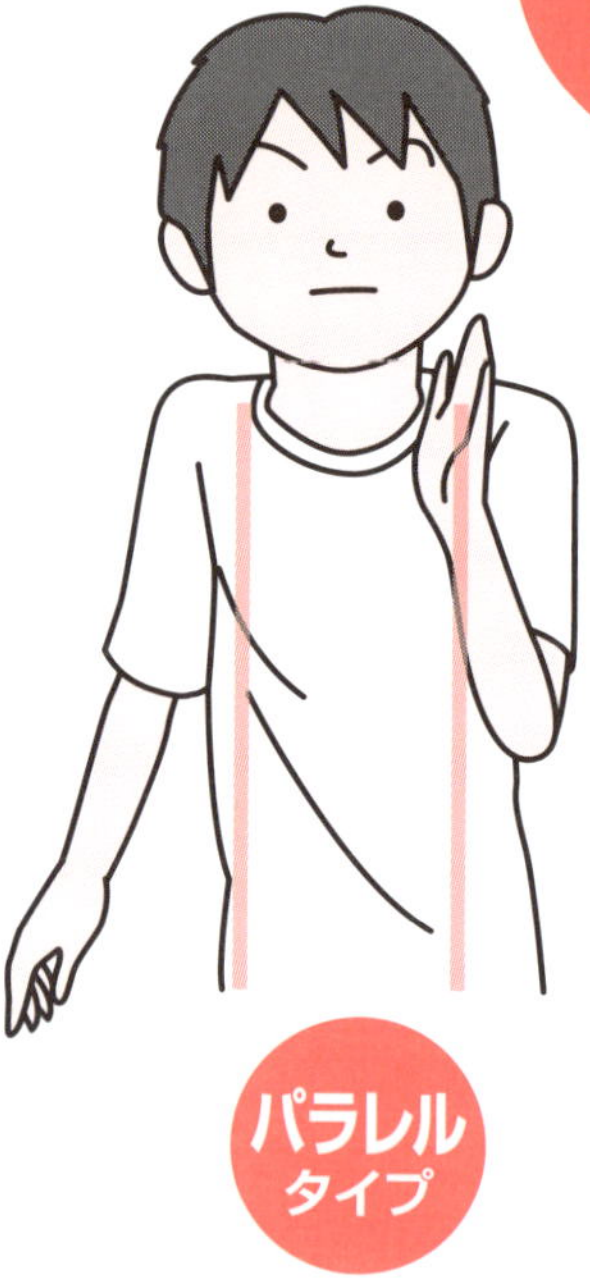

パラレルタイプ

パラレルタイプはカラダの両サイドでまっすぐ上げ下げし、指を伸ばしたほうがカラダを動かしやすい

クロスタイプ

クロスタイプは交互に振る腕がカラダの前で「×」を描くように出し入れし、手を軽く握ったほうがカラダを動かしやすい

みぞおちを出すか、腰を出すか

ゴールするときのフォーム

Aタイプ

重心が前脚にかかっているAタイプは、そのまま前脚に乗っているカラダを出せば、自然とみぞおちからゴールを切れる

point

胸あるいは腰を意識し、スピードを落とさずにスムーズにゴールする

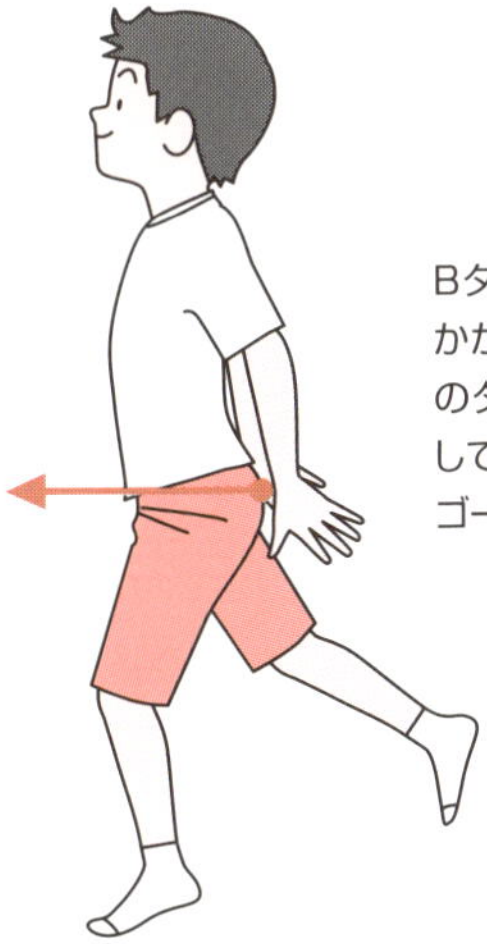

Bタイプ

Bタイプは重心が後ろ脚にかかっているので、ゴールのタイミングで腰を前に出してみると、胸が前に出てゴールできる

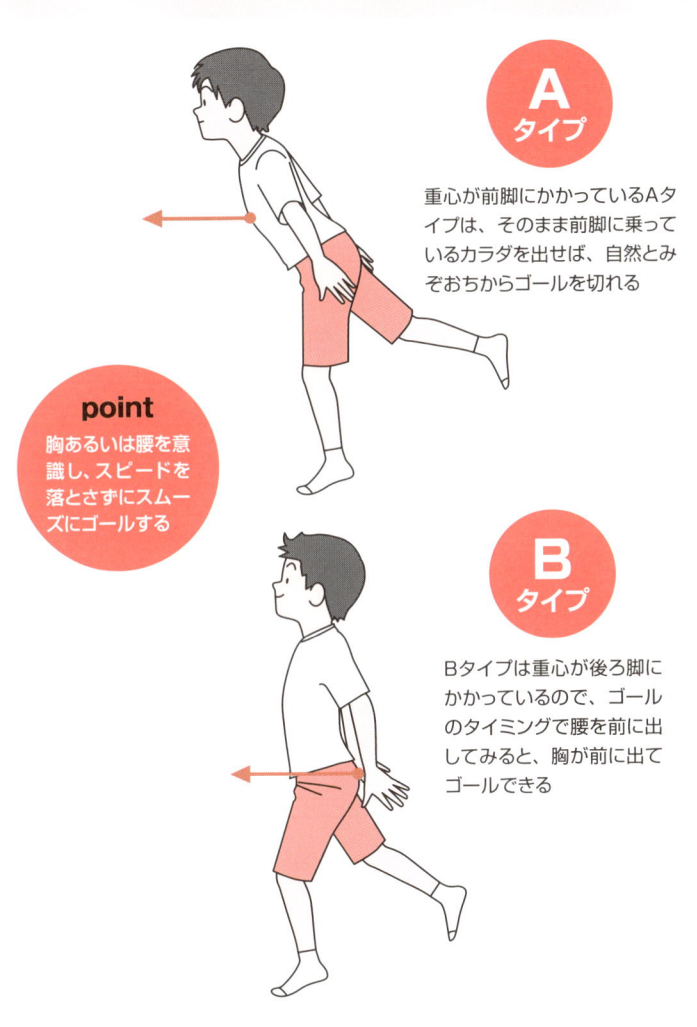

走っているときに
意識するポイント

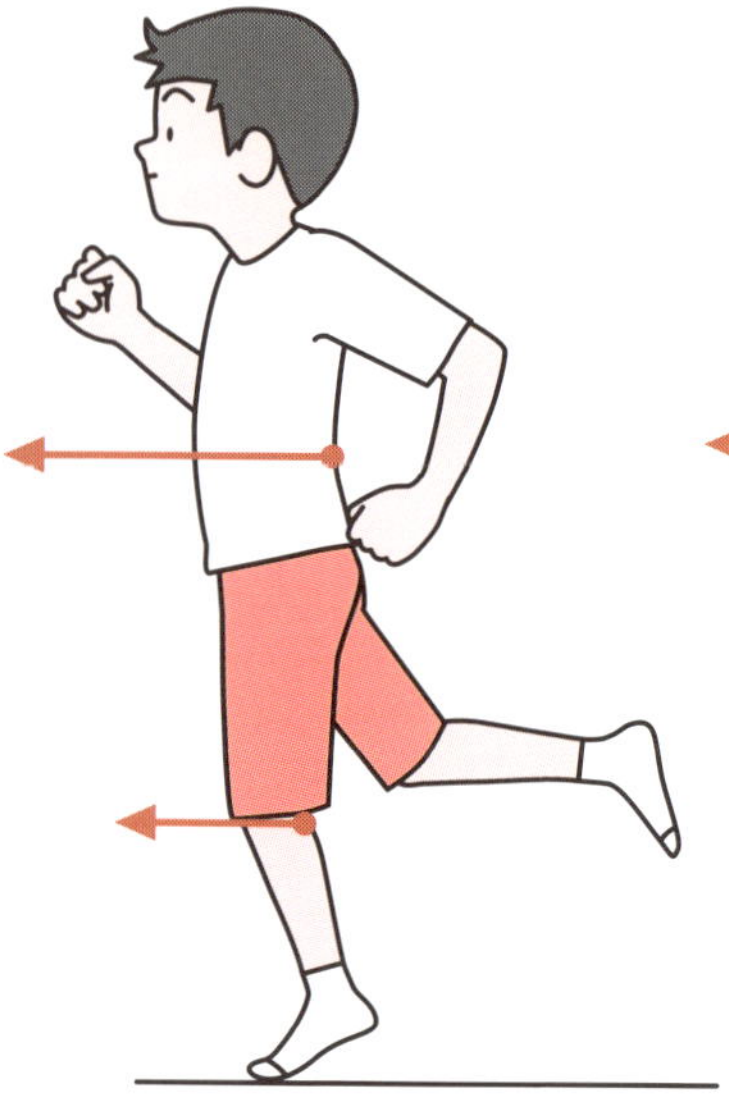

A2 タイプ

A2タイプはみぞおちとヒザの裏側を前へ押していく

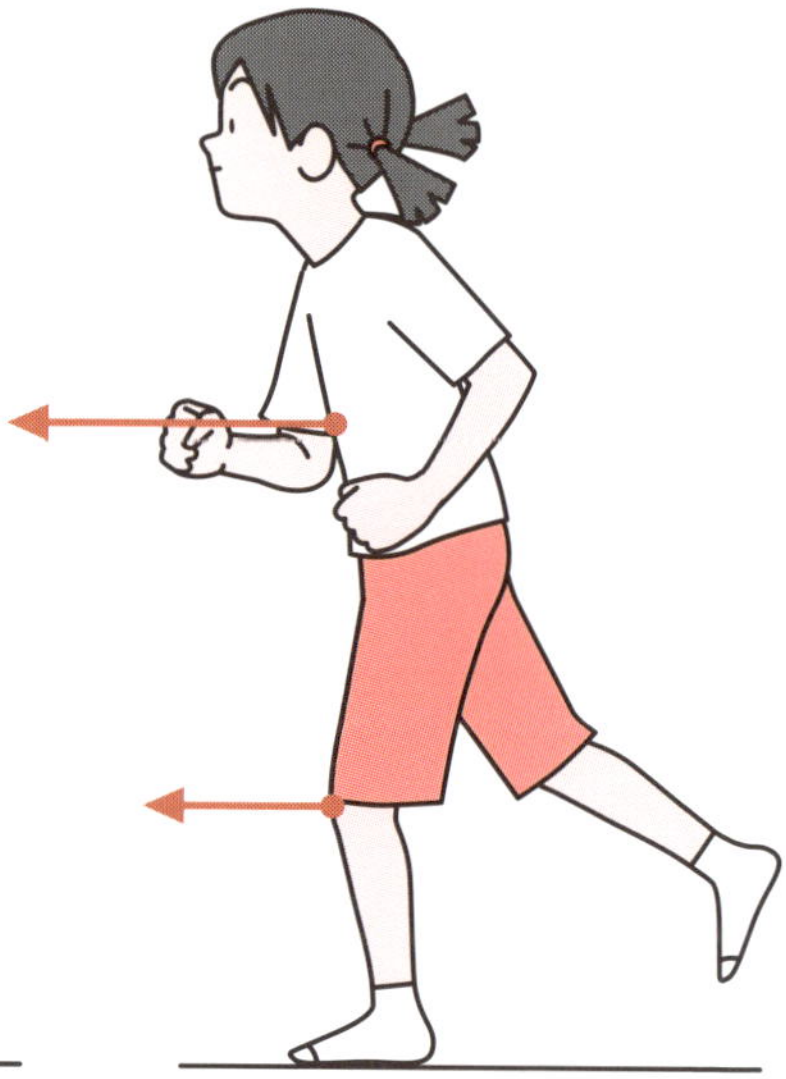

A1 タイプ

A1タイプはみぞおちとヒザの表側を前に出すイメージで進む

point

全力疾走したときに前からの圧力に負けないために強く前に進む意識を持つ

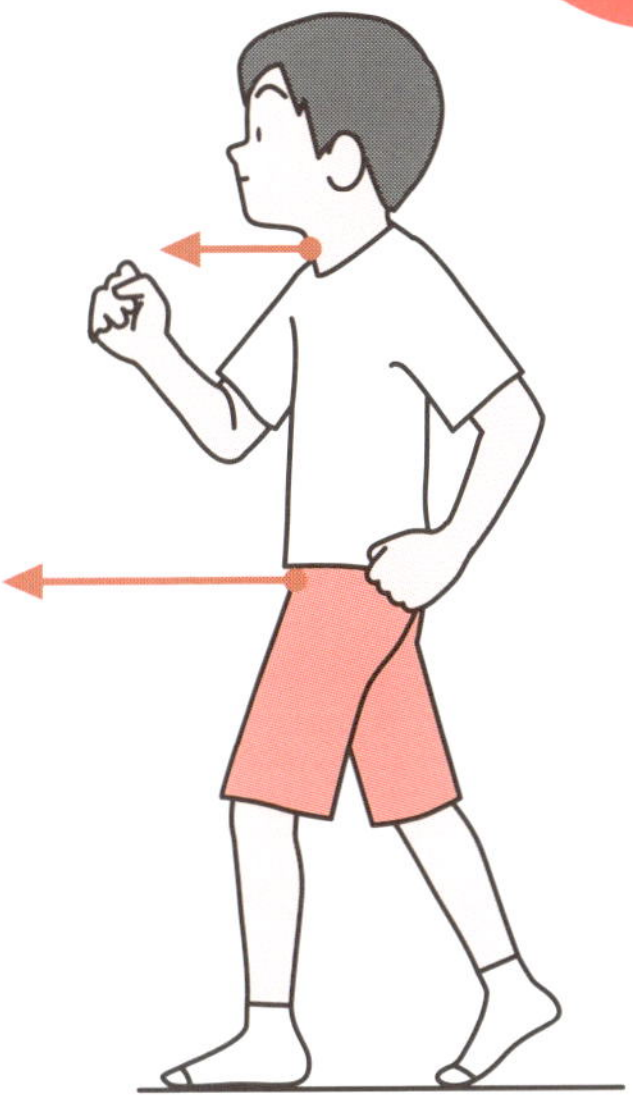

B2 タイプ

B2タイプは腰の表側を意識して走る。首のつけ根も同じイメージ

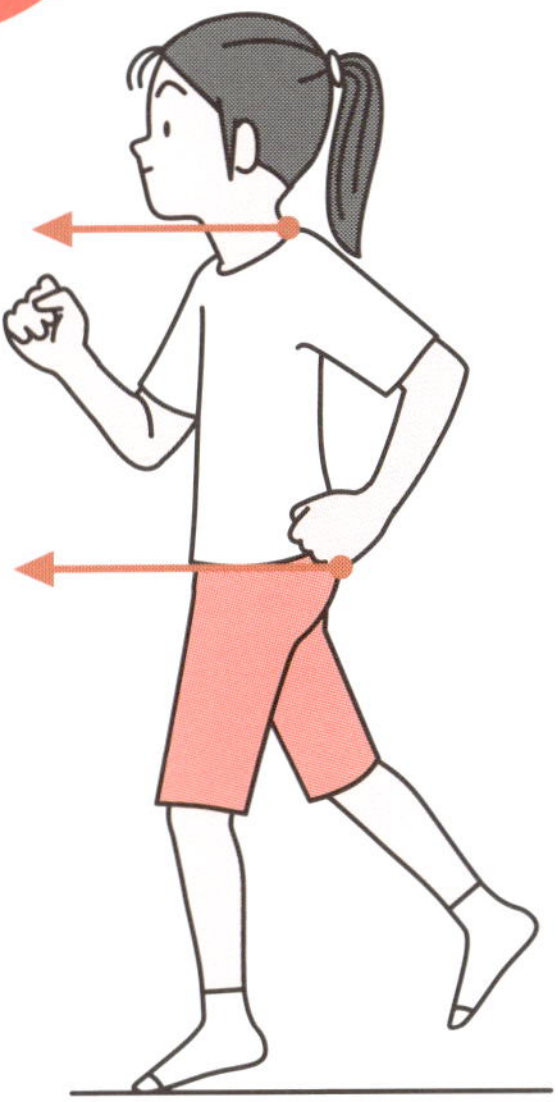

B1 タイプ

B1タイプは腰の裏側を前へ押していく。首のつけ根も同じ

column

いろいろな走り方にチャレンジしよう

「走る」という動きをもっと複雑にできるようになると、スポーツにおけるフットワークやステップなどに生きてきます。

まっすぐ走るだけでなく、蛇行しながら走る、くるくる回りながら（3章で取り上げた床を転がる動作を立った状態で行なう）走る、横向きで走る（頭の高さが上下しないように注意）など、いろいろな走り方にチャレンジしてみてください。

なかでもとくにやっていただきたいのが、後ろ向きで走る「バック走」です。バック走でも普通に走るときと同様、体幹部を使うことがポイントで、小さい頃にやらせておくべき動き方です。上体を後方に倒し、脚があとからついてくるような動かし方は効率的とは言えません。着地と同じタイミングでカラダを運べるのが理想です。

私も若いアスリートの合宿でバック走をよく取り入れていて、その一つにゴールテープを切った体勢からスタートし、バック走で走り、最後はクラウチングスタートの姿勢で終わる練習があります。

これを撮影して、あとで逆再生させて見ると、きれいに走れている選手がうまく体幹部を使えているということになります。

5章

なわとびができる！

なわとびができないのはこんな理由

腕を大きく動かさない なわを回すときは

なわとびが苦手な子どもの多くは、腕でなわを回すことに一生懸命になる傾向があります。肩を中心に腕全体で回し、かつ1回1回なわをよく見て、とぼうとしてしまうのです。それでは上半身がブレたり、ジャンプのペースが乱れたりして安定してとべません。

4スタンスのAタイプとBタイプでは、なわを回す支点が肩かヒジかで違いが出てきますが、いずれにしても**なわを回す際、腕全体を大きく動かしません。あえて言うなら「体幹部を使って回す」**のです。

なわをとぶことを意識しすぎずに、土踏まずをうまくコントロールしながら体幹部をリズミカルに使ってとんでみましょう。

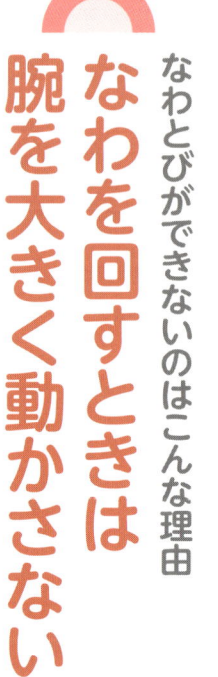

“なわを回さない”意識で
リズミカルにとぶ

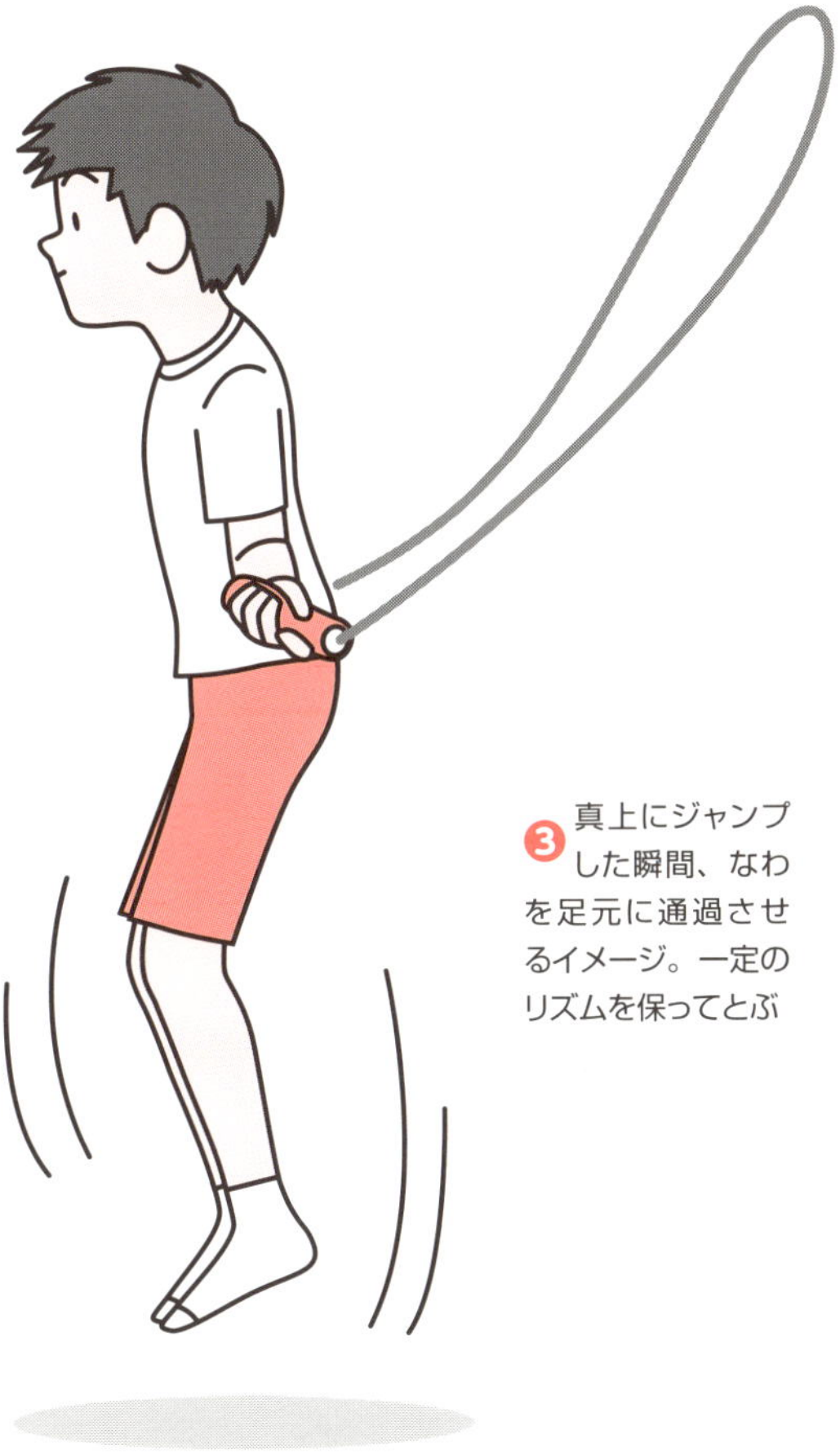
point
肩かヒジを支点になわを操作しながら、軽くとぶ
❶ リラックスして立ち、なわは強く握りしめずに軽く持つ
❷ 土踏まずのコントロールと体幹部を柔軟に使ってリズミカルにジャンプを繰り返す
❸ 真上にジャンプした瞬間、なわを足元に通過させるイメージ。一定のリズムを保ってとぶ

立ち方とつま先立ちから始める

軸にそって真上にジャンプし足の裏を後ろの人に見せる意識

まずはなわを持たず、リズミカルにとぶことから身につけます。

第一段階として正しく立った状態から、水平である土踏まずを垂直に立てて、再び立位の姿勢に戻ります。これを繰り返します。ふらつくことなくつま先立ちができるでしょうか？　できないと、なわとびも安定してとべません。

ポイントは、軸にそって真上にジャンプし自分の足の裏を後ろの人に見せる意識を持つことです。このとき脚の力だけでとぼうとするとカラダが折れ曲がり、安定性を保てなくなります。

このように土踏まずの垂直運動を繰り返すことで、ジャンプの動きに近づき、実際にとんでみると、空中で止まれるような余裕ができてきます。

足裏（土踏まず）を後ろに見せるように
つま先立ちを安定させる

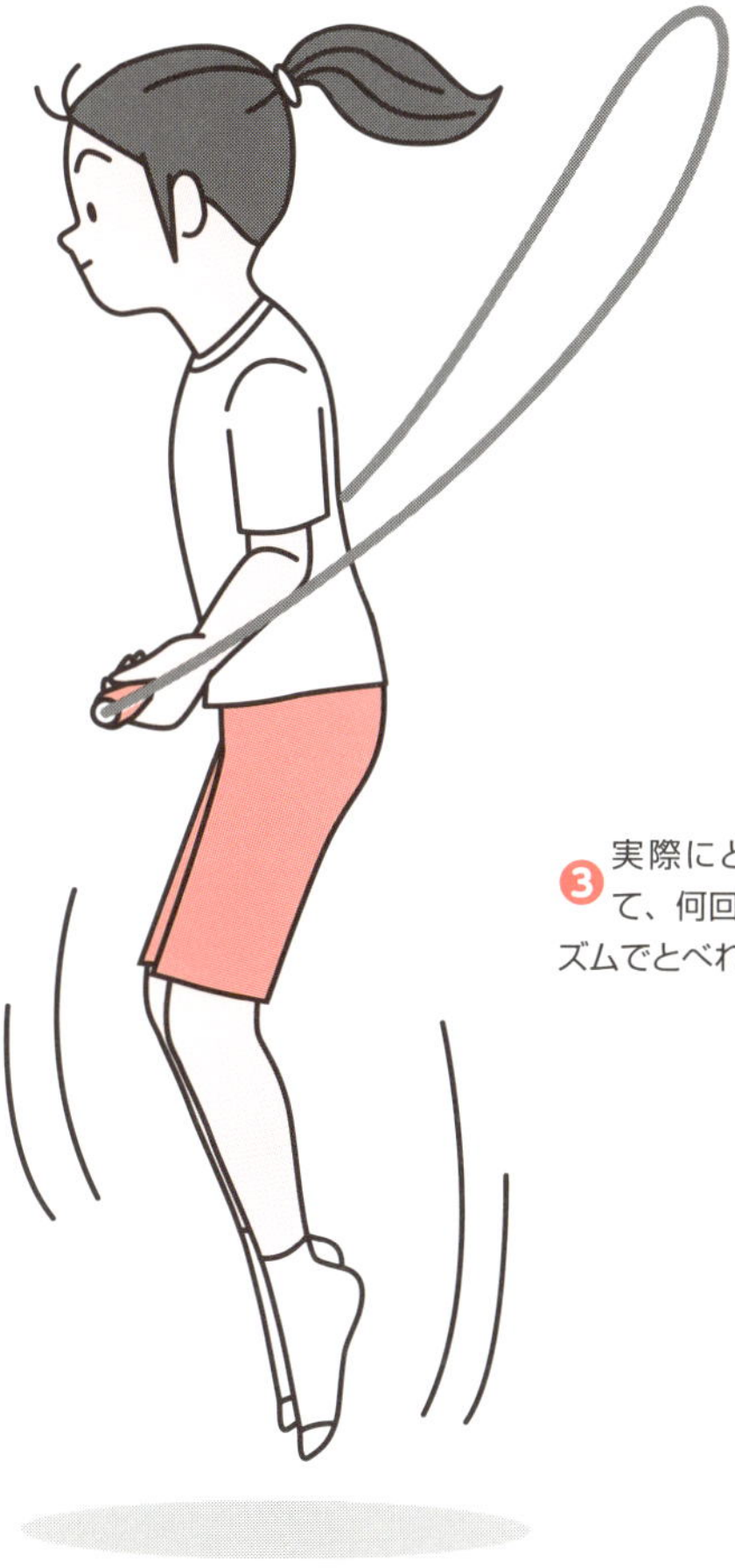

point
自分の足裏（土踏まず）を後ろの人に見せるイメージで立つ

1. 土踏まずが作る円の上に自分の頭が乗っているような感覚で正しく立つ

2. 安定した立位の軸線上をブレないように、垂直に昇降する

3. 実際にとんでみて、何回か同じリズムでとべればOK

なわの回し方でコツをつかむ

腕は伸ばさずグリップを引きつけカラダでなわを回すイメージ

なわの操作が苦手なお子さんには、最初は**半分に切った2本のなわを両手に持たせ、足に引っかかる不安を取り除いてあげるのが効果的**です。切ったなわを用意できない場合は、なわを半分に折り、片方の手に2つのグリップを持って片手ずつ回すやり方でもかまいません。

できない子の多くは腕全体を使い、グリップを回そうとしますが、腕は伸ばさず脇を閉め、カラダで回すイメージです。規則的に回す感覚を覚えたら、次にジャンプしながら回してみます。

なわがこのあたりに来たらとべばいいというタイミングさえつかめば、あとはなわが勝手にジャンプした足の下を抜けていくはずです。

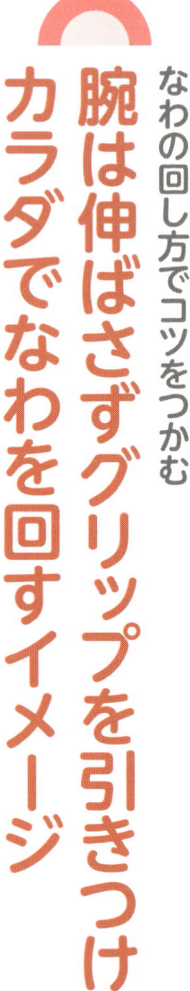

なわを持った腕ではなく

カラダで回す

point
両手のグリップをカラダの近くに引きつけておくこと

2本に切ったなわを両手に持ち、あるいは半分に折ったなわを片手で持って、なわを規則的に回す感覚を養う

肩を中心に腕全体で回そうとしない。スムーズに回せるようになったら連続ジャンプと合わせ、ジャンプした瞬間になわが足元を通過するタイミングを覚える

タイプ別動作ポイント なわの回し方とジャンプの方法

Aタイプの なわの回し方とジャンプの方法

A タイプ

A タイプは、ヒジを基点にして動かすため手首が柔らかく見え、普通にカラダを動かしても手首が主体でなわを動かせる

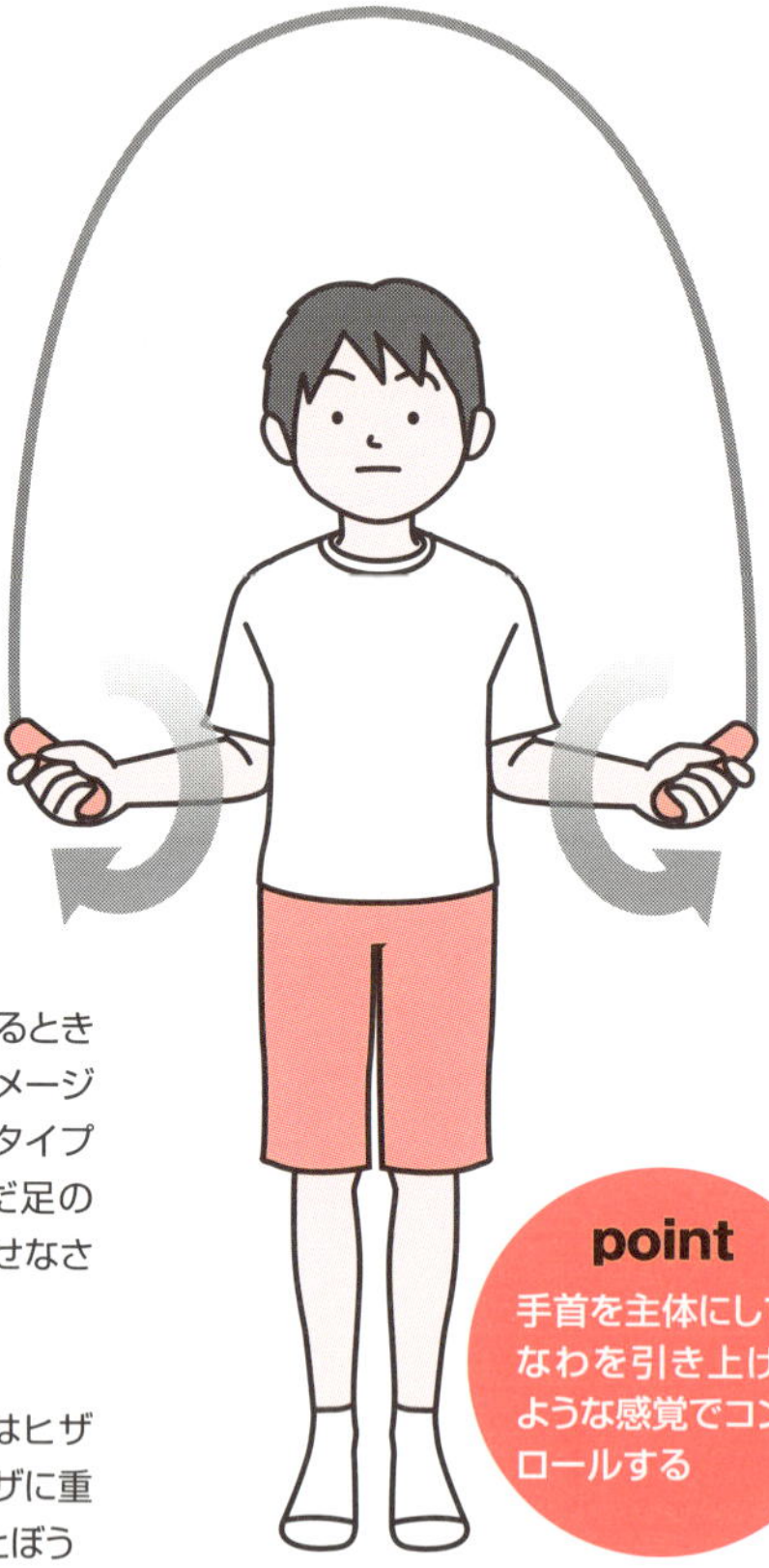

自分が上に上昇するときのなわの加速がイメージしやすいため、A タイプの子には、「とんだ足の下になわを通過させせなさい!」とアドバイス

ジャンプするときはヒザが前に出ない。ヒザに重心を乗せるようにとぼう

point
手首を主体にして、なわを引き上げるような感覚でコントロールする

Bタイプの
なわの回し方とジャンプの方法

Bタイプ

Bタイプは、ヒジが動くことでなわをコントロールする。無理やり手首を使おうとしない

自分が下におりて地面を踏むときのなわの加速がイメージしやすいため、Bタイプの子には「しっかり踏みなさい」とアドバイスするのが効果的

ジャンプするときにヒザが前に出る。腰に重心を乗せるようにとぼう

point
ヒジが動くことでなわをコントロールするため、手首が止まって見える

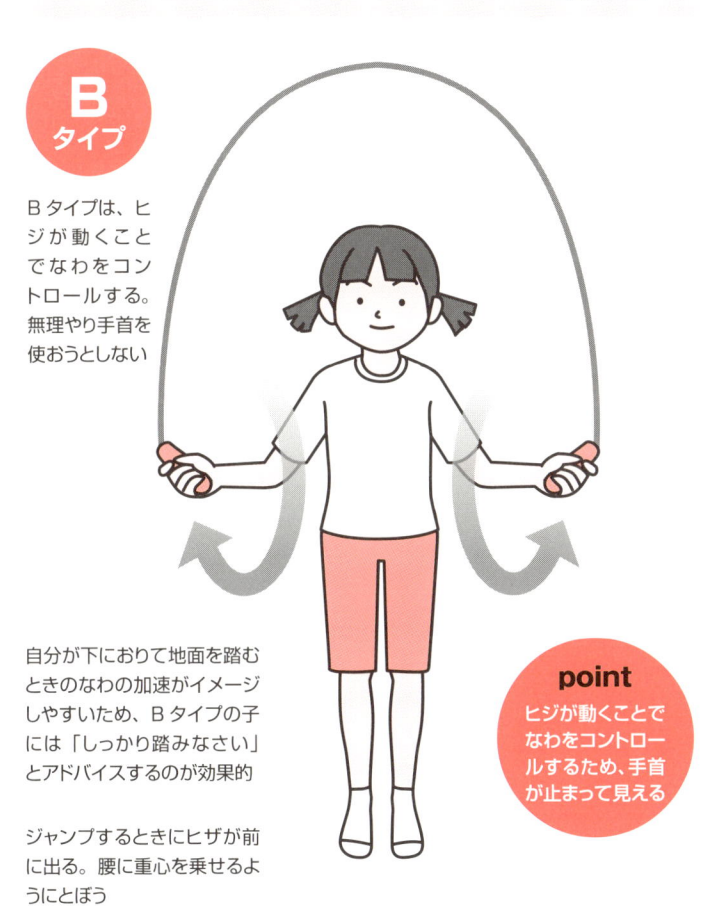

クロスタイプの
持ち方となわの跡

クロスタイプ

A1 タイプと B2 タイプのクロスタイプは、ヒジが自分のカラダの多少前にあったほうがとびやすい

とくに速くとぶとか二重とびになると、ヒジが横にあると動かなくなってしまう

土のグラウンドなどでとぶと、必然的に「Vの字型」の跡ができる

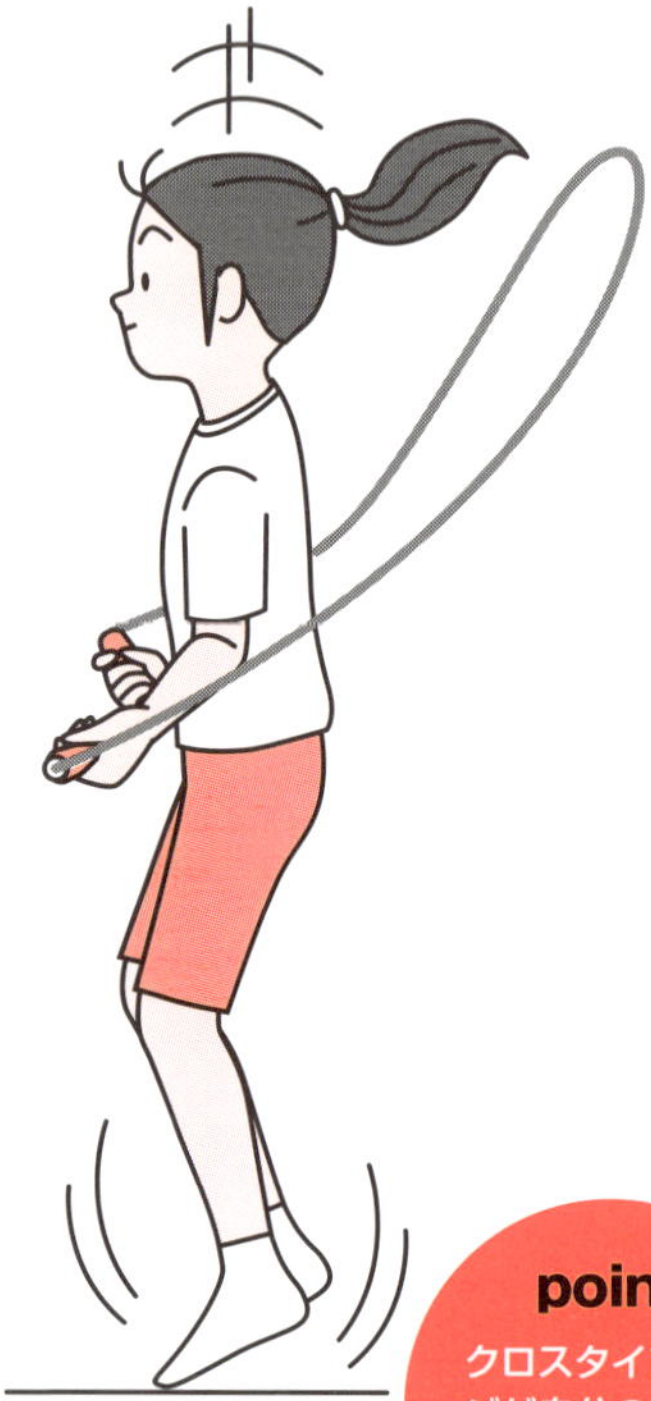

point
クロスタイプはヒジが自分のカラダの多少前にあった方がとびやすい

パラレルタイプの
持ち方となわの跡

パラレルタイプ

A2 タイプと B1 タイプのパラレルタイプは、ヒジが自分のカラダの真横にあった方がとびやすい

point
パラレルタイプはヒジが自分のカラダの真横にあったほうがとびやすい

土のグラウンドなどでとぶと、必然的に「Uの字型」の跡ができる。「Uの字の跡が残るようになわをパシパシやってごらん」という言い方でもイメージしやすい

column

ルールを守らない子どもには注意し、しっかり教育する

昨今のスポーツ界には、結果が出ていると優遇されすぎる面があるように感じます。その原因を探っていくと、一つには、学校での道徳やホームルームで本来考えなければいけないことが欠如しているからではないでしょうか。

パフォーマンスや結果を優先するがために、ルールを守らなければならないというスポーツの大前提が崩れているとも言えます。

約束はきちんと守る、自分勝手な言動はしないなどは、スポーツの枠組みの中だけにとどまりません。日常や社会生活でも欠かせないものです。たしかに大人の世界には、「アウトでなければセーフ」というようなグレーな場面も出てきます。しかし、子どもの段階ではそういう感覚を持たせるべきではありません。「アウトはアウト」「セーフはセーフ」。周りの大人はその線引きを明確にしてあげる必要があります。

運動やスポーツは体育の延長線上にあり、教育の一環です。スポーツの能力が高いだけでは一人前の人間とは言えません。グラウンドや体育館から離れたときでも、誰からも慕われ、尊敬される大人になってもらいたい。そのためにもスポーツの指導者や学校の先生など、日頃接している大人から好かれるような生活を送ってほしいと思います。

6章

マット運動ができる!

4Stance

前転ができないのはこんな理由

自分の頭をふところに入れ込み足底に近づける

マット運動が苦手な子の多くは、恐怖心からカラダが固まってしまいます。まずは怖がらせないことが大切です。

では、なぜ怖くなるのでしょう？

じつは「人が回転する」ということに、良い回転と悪い回転があるのです。良い回転は、安定した回転。悪い回転は、不安定な転んだ回転に分かれます。怖くない安定した前転とは、自分の頭を足底に近づければ、カラダが前方に自然と回転してしまうことを言うのです。

両手でカラダを支え、自分のおへそを見るように回ってみましょう。

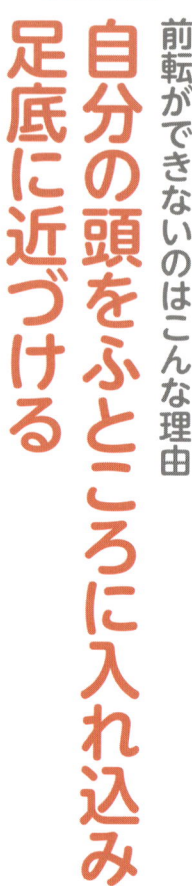

体幹部を柔らかく使い
恐怖心を持たずにカラダを丸める

point
怖がってカラダを固くしてしまうとスムーズに前転できない

安定してしゃがみ、マットにつけた両手でカラダを支えながら、自分のおへそを見るようにスムーズに動く。腕が突っ張った状態でマットに手を突くのはNG

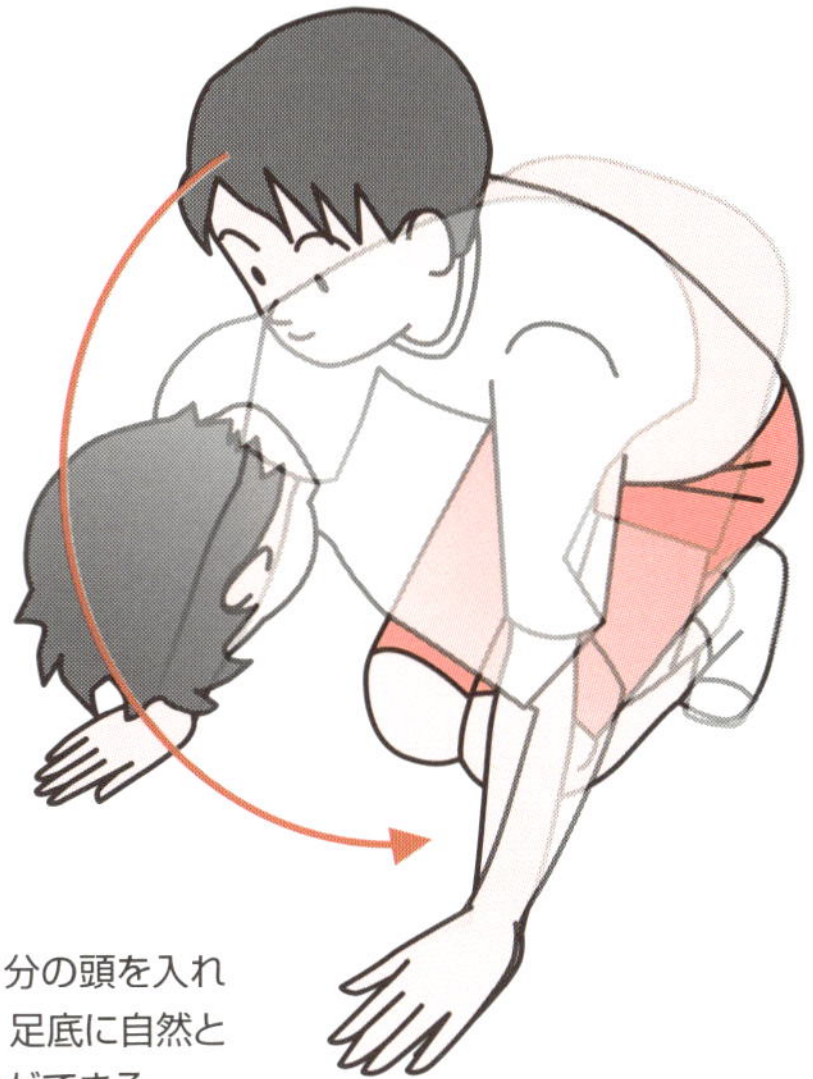

ふところに自分の頭を入れ込むことで、足底に自然と近づけることができる

前転がうまくできるコツ

前転とは頭の周りを腰が回転すること

恐怖心があるお子さんに「両手をついて」という教え方をすると、両腕を突っ張らせてカラダにブレーキをかけてしまうことがあります。

そういう子にはとくに、**「お腹の前（ふところ）に空間を作るために両手を床に置き、そこに自分の頭を足底に近づけると自然に両肩が床につき、お尻が頭を乗り越えて回転していくよ」**と教えてあげてみてください。

手のつく位置は、Aタイプのほうが B タイプに比べてカラダに近くなる傾向がありますが、いずれにしても最初の頭の位置よりも遠くにつくと、前転の難易度が高くなります。カラダ近くにつくところからスタートし、回り終わった後はお尻を浮かせて立ち上がれるようにしましょう。

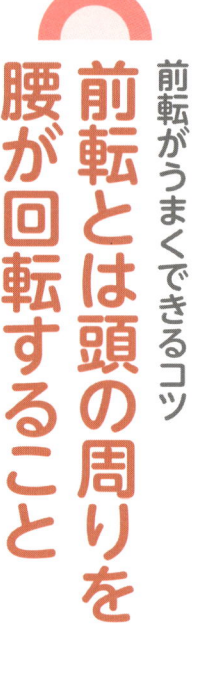

両手でブレーキをかけず
ふところに頭を入れ込む

1

カラダの近くに両手をつき、あごを引くようにしてその間に頭を入れる

2

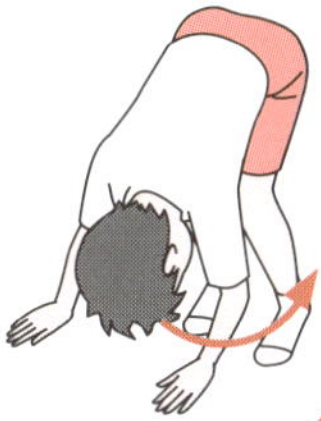

頭を自分の足底に近づける

3

自分のおへそを見ていればお尻が上がり、首のつけ根と両肩が床に着地したとたん、自然に転がり始める

4

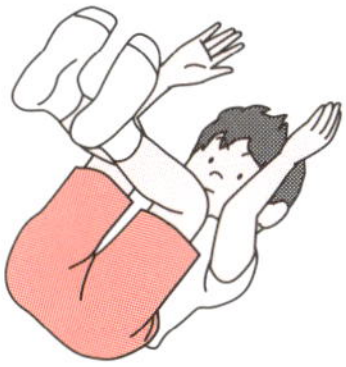

首のつけ根から腰にかけて、背骨が順々に床についていく

5

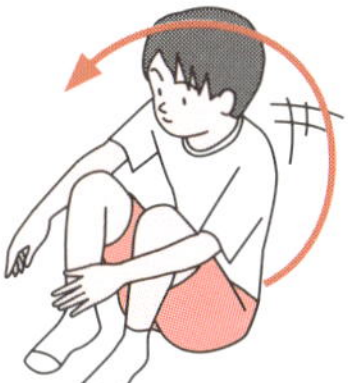

背中全体をつかって、なめらかに回転

6

回転の勢いを利用し、できるだけマットに手をつかないようにして起き上がる

point

ふところに作った空間に自分の頭を入れ込み、お尻を頭より向こうに運ぶ

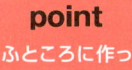

後転がうまくできるコツ

お尻を床につけてから後方に回転する

後転もカラダを柔らかく使い、腰、背中、肩（首のつけ根）を順々に床に下ろして着地させ、安定して回転させることは、基本的には前転と同じです。

足とヒザを首幅に開いてしゃがみ、両耳の横に手のひらが上を向くように添えて構えます。おへそを見ながらお尻を下ろし、両土踏まずを真上に向けるように後方に回転を開始。両肩が地面につき終わったら両手が地面につきます。このとき、**両手が安定していれば、楽にヒザと腰は頭上を通過し、回転していきます**。

補助はあくまでも力を補うのではなく、頭を床に打たないように心がけましょう。

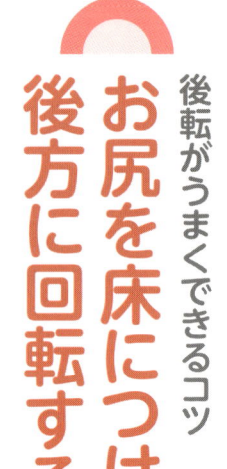

前転と同じように

カラダを丸めて回る

point
勢いやスピードで回ろうとせず、土踏まず、お尻、腰、背中、肩、首のつけ根、手のひらとゆっくり着地させる

1

2

手のひらが上を向くように両耳の横に添えながらゆっくりお尻を床につく

3
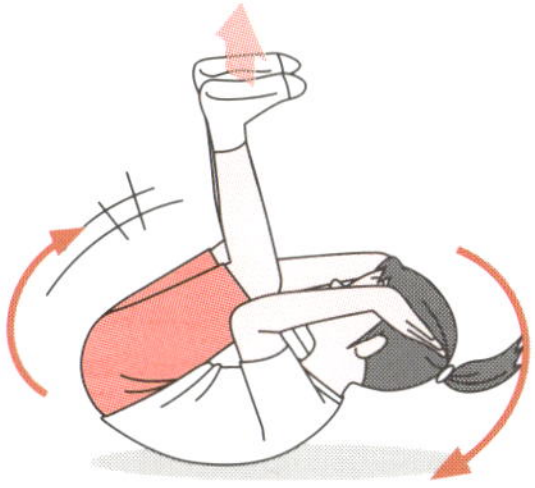

おへそを見ながら、両土踏まずを真上に上げ後ろに転がる

4

両手でカラダを支えたら両土踏まずが床に向くように意識する

5

両手で安定させている間に着地する

6

両土踏まずの上を頭が乗るようにしっかりしゃがむことができたらOK

うまく転がれないときの練習法

〝ゆりかご〟運動で背中で立つ感覚を養う

それでも前転や後転が思いどおりにできない場合は、〝ゆりかご〟運動で背中で立つ感覚を身につけましょう。

ゆりかごは、たたんだ両脚を抱えて前後にゆれる運動ですが、前転や後転のようにカラダが頭上を越える局面がないため、恐さを感じることなく、背中でスムーズに転がる感覚をつかむことができます。背中を丸くして、ゴロンゴロンと転がるのではなく、土踏まずのコントロールで行ないます。

前方半回転のときは、お尻（腰）で安定させ、後方半回転のときは首のつけ根（肩）で安定する意識を持つと、背中全体でなめらかに転がる感覚を身につけることができます。

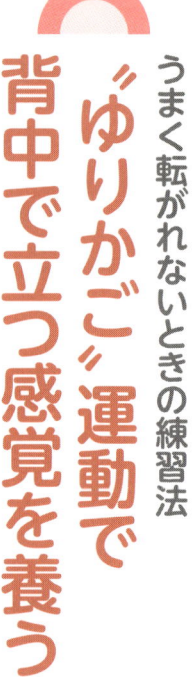

反動を使わずに
一定のリズムで回転する

point
反動で起きようとせず、一定のリズムで行なうこと

❶ 体育座りから両土踏まずを頭上に挙げるようにゆっくり転がる

❷ 後方に半回転したら、首のつけ根（肩）で床を感じる

❸ 前方に半回転したら、お尻（腰）で床を感じる

側転ができないのはこんな理由

側転する方向に顔を向けてから地面に両手を同時につきにいく

側転が苦手なお子さんの最大のポイントは、上半身（体幹）を左右に柔らかく使えるかどうかです。

手足を大きく広げたまま、風車のように側方へ回転するイメージの動作ですが、実際に動いてみると、両手は同時に着地し、上半身はおじぎをするように前屈してしまいます。ただし、これはお子さんのカラダが正常に機能していることを表しています。

側転は、体幹を柔らかく左右屈に使うことで、同時に左右の手を着地させようとすると、頭の下降に比例して、骨盤（腰）が頭上に上昇する運動なのです。

カラダの側屈ができないと
全身が前方に折れ曲がる

体幹の側屈がなく動作すると、2番目の手が使いにくくなり自然と全身が前方に折れ曲がってしまう

point
「手はマットに手前から奥へと順番につく」はNG！

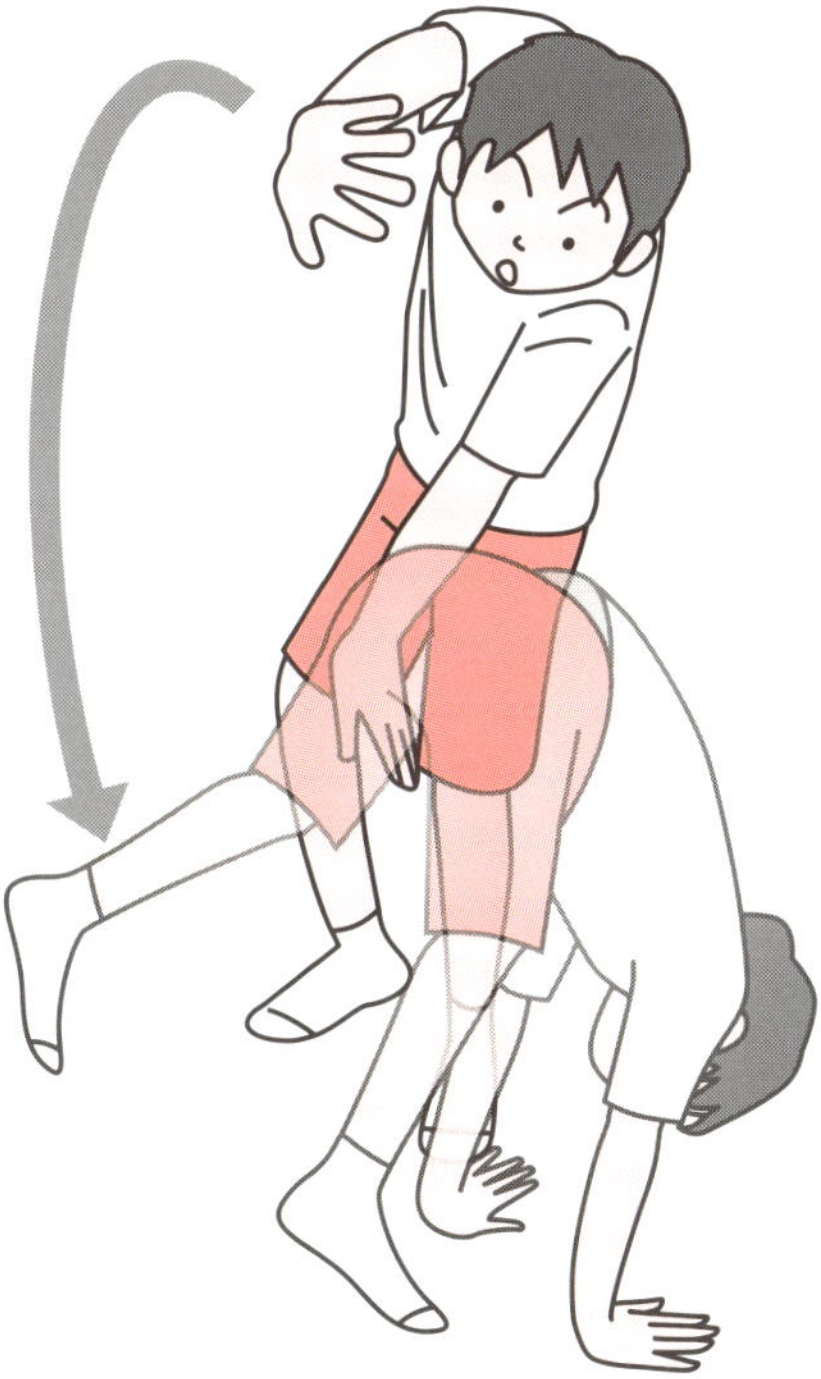

この姿勢から❶から❹にそれぞれ地面に着地させようというのが無理なこと

側転をうまく行なうコツ

両手で地面を支え瞬間的に倒立の姿勢を作る

両手を天井に向けた姿勢から体幹部を左右に柔らかく使うことで、2番目の手が頭上をきれいに通過できれば、第一段階は成功です。

そして、タイミングとしては進みたい方向にある側の手が先に地面につきますが、意識的には両手で同時につきにいきます。そのときに地面に近づいた頭の上に骨盤（腰）が上昇します。その瞬間、両手で地面を支え、倒立の姿勢を作ることができるわけです。**回るというよりは、倒立姿勢になった瞬間に全身を上方向に伸ばすイメージを持つ**といいでしょう。これをハンドスプリングと言います。後ろ足を振り下ろして両手の延長線上に着地し、もう一方の足が地面につくときには自然と上体が起きてきます。

全身を上方向に伸ばすように
瞬間的に倒立姿勢を作る

脚を振り上げ、倒立姿勢になった瞬間に全身を上方向に伸ばす。後ろ足を両手の延長線上に着地し、もう一方の足が地面につくタイミングで上体が起きる

スタートの構えは進行方向に対して頭を向けてから両手で同時に地面につきにいく（実際は進行方向側の手が早くつく）

point
倒立時の瞬間は、両目で両手の間の床を見つめておく

カラダを支えるための最低限の筋力が必要

逆立ちは手（腕）で垂直に立ち、カラダを支えるという動作です。ですから、まずは全身の筋力でカラダを支えられないと強度的に難しいと言わざるを得ません。また、肩や胸の可動域が極端にせまい子は、腕をまっすぐにしてカラダを支えられませんから、やはりうまくできないと思います。

そうした体幹部や腕の力や肩、胸の可動域が備わっていたとしても、アプローチに問題があれば、当然、逆立ちは完成しません。**苦手な子の多くは両手をつき、後ろ足で跳ねて、横から見ると足が円を描くような軌道でカラダを立たせようとするやり方**です。それでは背中方向へけり上げようとすることで勢いがつき、カラダは逆（向こう）側にパタンと倒れてしまうでしょう。

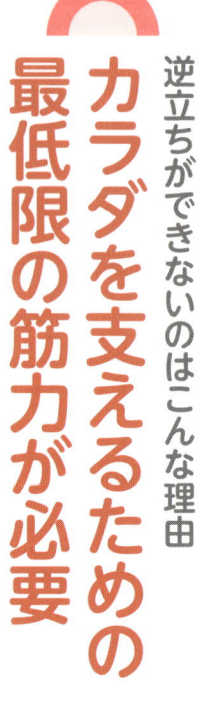

腕立て伏せができないと
カラダを支えられない

point
カラダを支える全身の力がなく、肩や胸の可動域がせまいと逆立ちは難しい

両手のひらの上に両肩が乗った姿勢から、体幹部と両脚で安定したカラダの支持を行なう

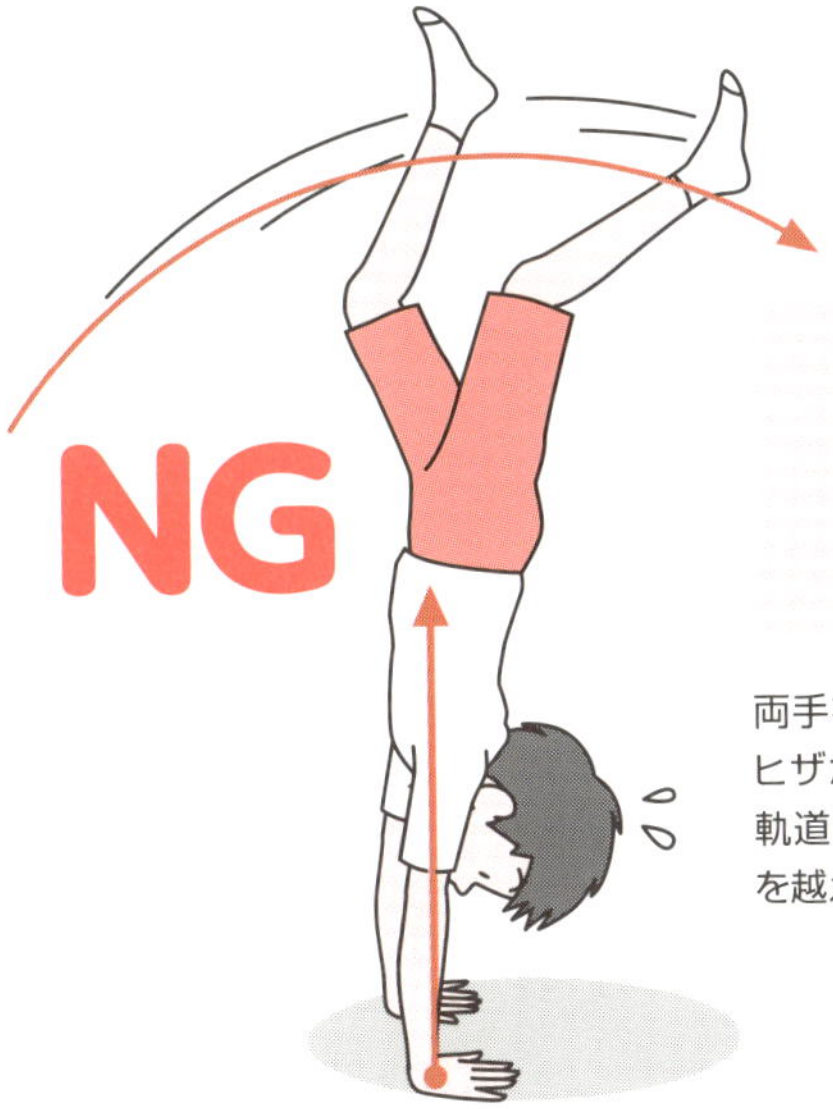

脚を振り上げるのはNG
手で立ち上がる意識が重要

両手をついて後ろ足を跳ね上げたとき、ヒジとヒザが伸び、横から見ると足が円を描くような軌道でカラダを立たせようとすると、倒立姿勢を越えて、背中側にパタンと倒れてしまう

逆立ちをうまく行なうコツ

まず両手の間をしっかり見て、ヒザを曲げながら真上にけり上げて伸ばす

失敗するとケガをする危険があるため、マットを敷いたり、大人がそばにつくなど、まずは安全を確保してから練習を始めます。

両手を肩幅ぐらいに開いて地面につき、力まないためにも、ヒジはわずかに曲げておきます。視線は両手の指先を結ぶ線のやや上に向けます。

両手と頭の位置を固定したまま、足をけり上げます。このときヒザが伸びたままでは向こう側に倒れてしまうので、**ヒザを曲げながら上にけり上げて、足が上に来たらヒザをぐんと真上に伸ばすイメージ**です。

カラダが起きたら、両手で地面を押さえ込みます。腕だけでバランスを取ろうとせず、重心を安定させることを意識しましょう。

頭の位置を固定したまま
カラダを上方向に伸ばす意識

point
頭の位置を最初から最後まで固定しておくと安定する
1
2
3

1 手のひら全体を地面に密着させ、その上に両方を置く。両目で両手の指先を結ぶ線をしっかりと見る

2 両足で地面を真上にけり上げ、手のひら、肩、頭、腰、足と垂直の立体線にそろえる意識を持つ

3 足が上まで来たらヒジとヒザを真上に伸ばす。両手で地面を押さえ込み、カラダ全体でバランスを取る。土踏まずで垂直を意識する

補助を使って逆立ちする

アシストによって逆立ちを身につける

逆立ちがまったくできないお子さんが、いきなり1人で立てるようになるのはなかなか大変です。そこで壁を使ったり、補助の協力を得て段階を踏んで覚えていくと、意外と簡単に身についたりします。

壁を使った逆立ちでは、足のけり上げの勢いがつきすぎると、足を壁に強打してしまうことになります。両手を地面につけたところから上にけり上げ、両土踏まずが壁にピッタリとつくことが理想です。**大人が補助する場合は、子どもの横に立ち、けり上げた足のふくらはぎから足首あたりを、真上に軽く引き上げるように支えてあげる**といいでしょう。立つことができたらそっと補助の手を離し、1人でバランスを取れるか試してみてください。

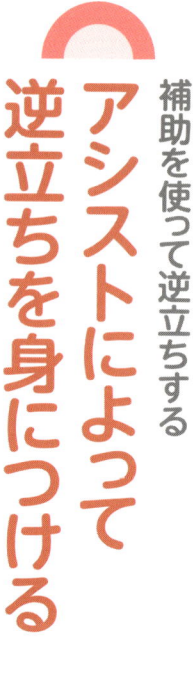

壁や補助で
段階を踏んで覚える

point
両手のひらで、
床に立つ感覚
を学習する
まずは、腰を両肩、
頭の上に乗せ込む
ようにけり上げる
しっかりと見つ
めること
大人が補助してあげ
ると子どもは安心し
て取り組める。補助
はなるべく強く持た
ず、そっと支えてあ
げる程度でいい

column

“惰動”腹筋で体幹部を柔軟にする

「惰動《だどう》」という動きがあります。あまり聞きなれない言葉かもしれませんが、これが身につくとマット運動がうまくなり、さらに速く走ったり、他の運動での上達につながります。

正しく立ち、足と頭の位置が動かない状態が基本になります。頭を動かさず、上半身と下半身を連動させながらゆらゆら動かす。あるいは横に動かす。両腕をぶらんぶらんと前後に振る。こうした動きが惰動です。

子どもにとっては遊び感覚で、比較的簡単にできますが、大人がやると、胴体が止まったままで頭が動いてしまい、正しい惰動にならない場合がよくあります。

うまくできたら片脚立ちでの惰動に挑戦しましょう。この動きができるようになると、走る動作やハードル走などの脚のさばきがスムーズにできます。いずれにしても体幹部が柔らかく使えることが、すべての運動の基本になることを理解してください。

7章

逆上がり&とび箱ができる！

鉄棒の逆上がりができないのはこんな理由

鉄棒を中心に回る空中回転が逆上がりの動作イメージ

逆上がりを含めた鉄棒全般では、まずは自分のカラダを支える最低限の握力と腕力、全身の筋力が必要です。そして、そうした力があっても、やり方が間違っていれば、当然、うまく回ることはできません。

逆上がりに関しては、できない子どもの多くが次の2つのうち、いずれかをやってしまっていることがしばしば見受けられます。

1つは、**足をけり上げようとして同時に顔も上に向けてしまうこと。もう1つが、鉄棒を強く握ろうとして、ヒジを伸ばしてしまうこと**です。逆上がりの基本は、鉄棒を中心に回る空中回転です。大人は、どうやったらうまく行くかという子どものイマジネーションをふくらませてあげてください。

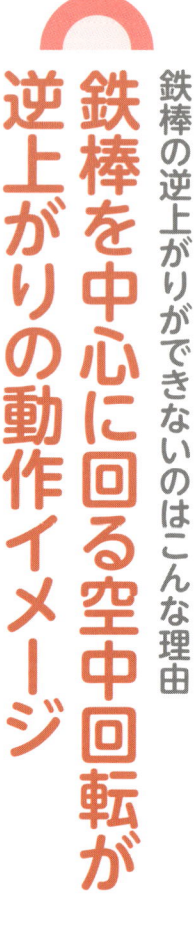

手足を伸ばしすぎないように
鉄棒の近くを回る

「自分のおへそを見るように」とよく言われます。これはなるべく鉄棒に近づき、顔を鉄棒に向け頭を動かさないように鉄棒より足を高く上げなさいということです

NG 強く握ろうとヒジと肩に力が入りすぎて、腕が伸びたまま足を上げると頭が下がってしまうので気をつける

鉄棒をしっかり見てから
逆上がりの動作に入る

まずは、鉄棒をしっかり見てから逆上がり動作に入ろう。両足で地面を踏み切るまで、頭は動かさないように。頭と腰が水平位置から入れ替わるイメージだ

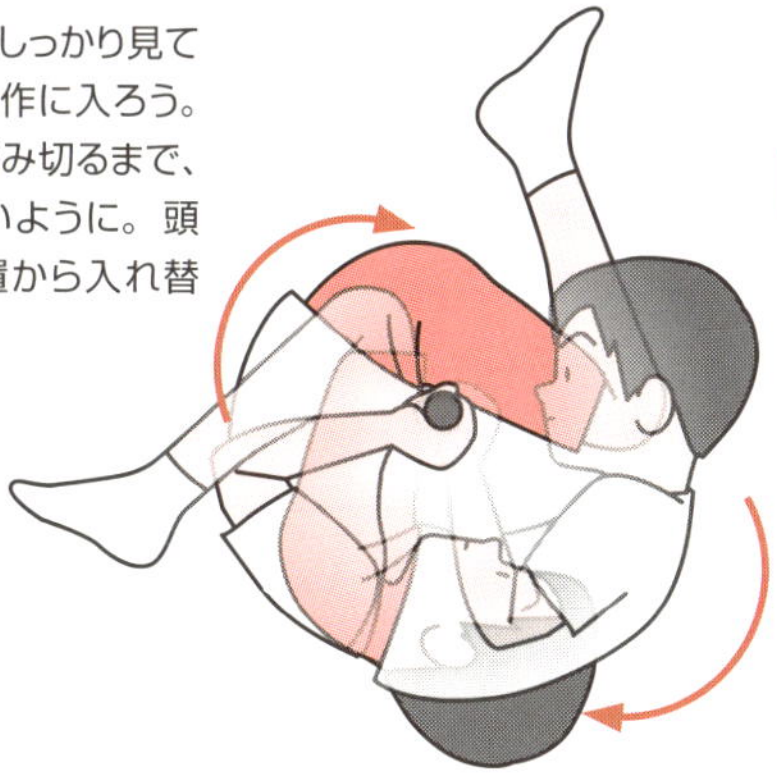

NG 頭が地面に下がることで、足が上がったとは思わないよう注意する

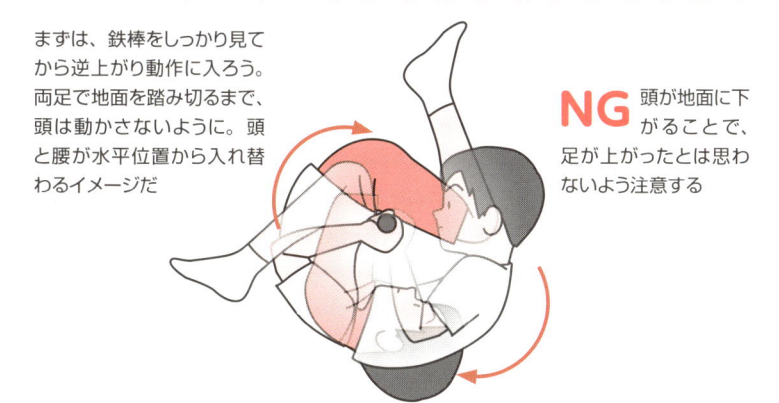

鉄棒とカラダの構造

逆上がりは「小さな力」と「大きな力」で回る

逆上がりは鉄棒を持った直立の姿勢から「クルン」と一回転するものとイメージされています。しかし、現実には**人のカラダの構造によって運動動作が3つのゾーン分けられます**。鉄棒を見ながら近づいて立ち、そこから頭、グリップはそのままに、腰が鉄棒の下を通過するための「走り抜けゾーン」が1段階。ここで鉄棒を中心に全身の回転する準備が完了です。第2段階は、両足が踏み切った後、脚をたたむことでカラダの重心を鉄棒に近づけ、回転半径を小さくしながら小さな力で動作します。たたんだ両足が鉄棒の上を越えた瞬間が第3段階のゾーンです。一気に脚を伸ばし、回転半径を大きくする、大きな力で動くゾーンです。このようなリズムが大切になります。

逆上がりの動作には
3つの段階がある

point
運動動作がやりやすい鉄棒の高さが重要!

第3段階は大きな力で動くゾーンで、脚を伸ばして回転を大きくする

第1段階は走り抜けゾーンで、鉄棒を中心に回転する準備を完了させる

第2段階は小さな力で動くゾーンで、脚をたたんでカラダの重心を鉄棒に近づける

鉄棒を使わないで回る感覚を養う

自分のリズムで力強く踏み切ることが回転につながる

カラダをなめらかに移動させ垂直に踏み上がるために、全身をリズミカルに連動させるツーステップジャンプを行ないましょう。リズム動作によって、筋力ではなくタイミングで力を生みだすことに気づくはずです。

次に後ろに回る感覚を覚えます。体育座りの姿勢から後ろに転がり、上を向いたところから再び同じ姿勢に戻ります。これもリズミカルに行ないます。**脚の力や反動を使って起き上がろうとせず、地面についている土踏まずを床から天井を向けてける意識を持つと後方に回転します**。天井から床に意識すると元の体育座りになります。

脚をたたんだままで行なうと、ゆっくりとした動作になります。

自分のリズムで
ツーステップジャンプ

point
1回目のジャンプはリズミカルに。2回目は速く真上にジャンプする

腰の高さに両手を出して、30センチほど両足で軽くジャンプし、着地と同時に垂直に両ヒザを手の高さまでジャンプする

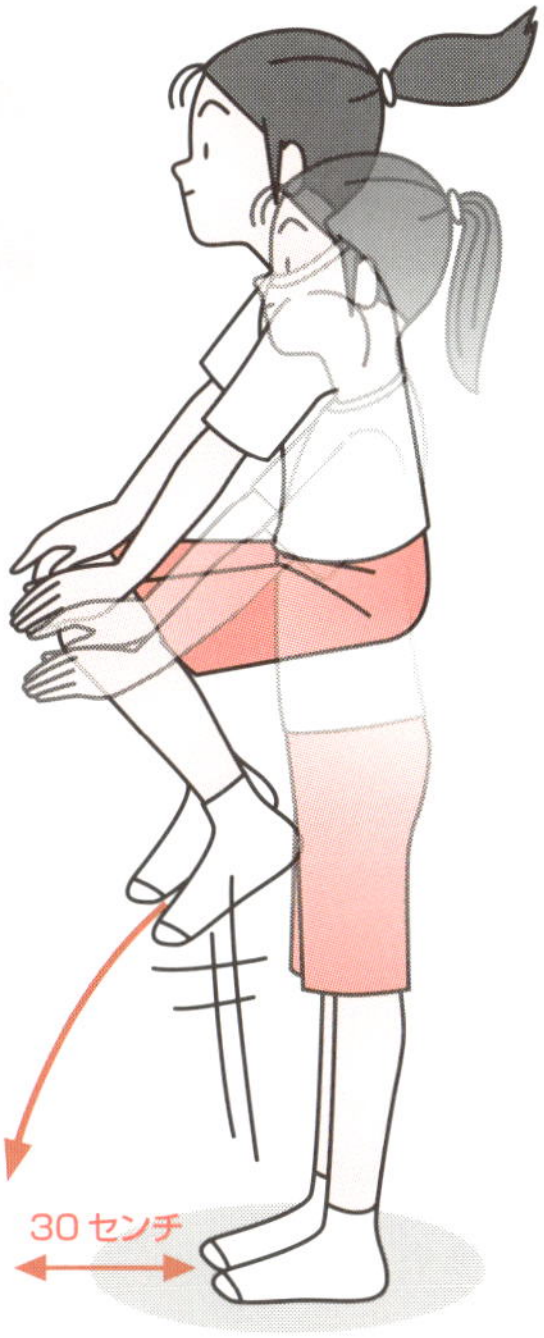

体育座りの姿勢から
後ろに転がる

体育座りの姿勢から土踏まずの向きをコントロールしてゆっくり転がってみる

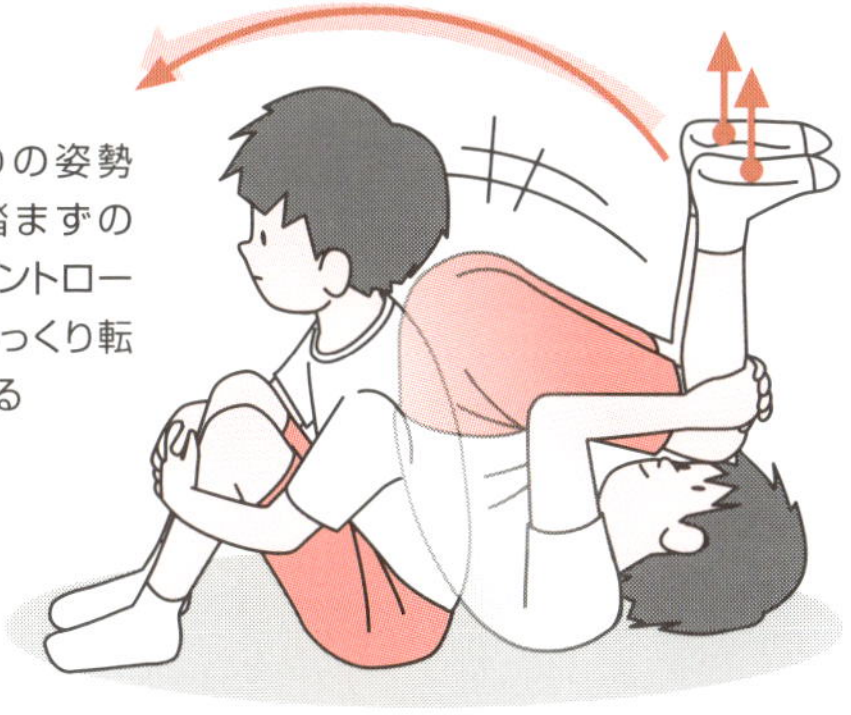

point
慣れたらプールなど水中で後方回転をやってみよう

足の力や反動を使って起き上がらないこと

逆上がりの本当のイメージ

「鉄棒を引きつける」「地面をける」「回る」はNGワード

逆上がりができない理由とカラダの構造が理解でき、後ろに回るという感覚がつかめたら、あとは実際に鉄棒を使って回るだけです。

逆上がりの動作は「鉄棒を引きつける」「地面をける」「回る」という流れでは実際やりにくいものなのです。

本当のイメージは、持ちやすい鉄棒の前に安定して立ち、グリップを見ながら鉄棒の下に下半身を通過させるように前進します。そして、**鉄棒を見たまま両ヒザをたたんで垂直に上げます**。その結果、腰が鉄棒に近づきます。鉄棒に近づいた腰が真上に来たときに両ヒザを伸ばして下降します。この一連で上半身が上昇するのです。

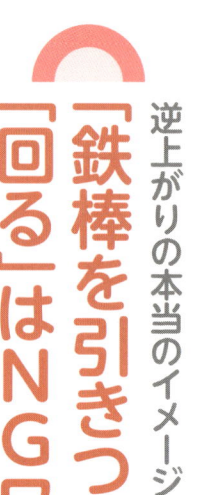

逆上がりは
3つのゾーンをイメージ

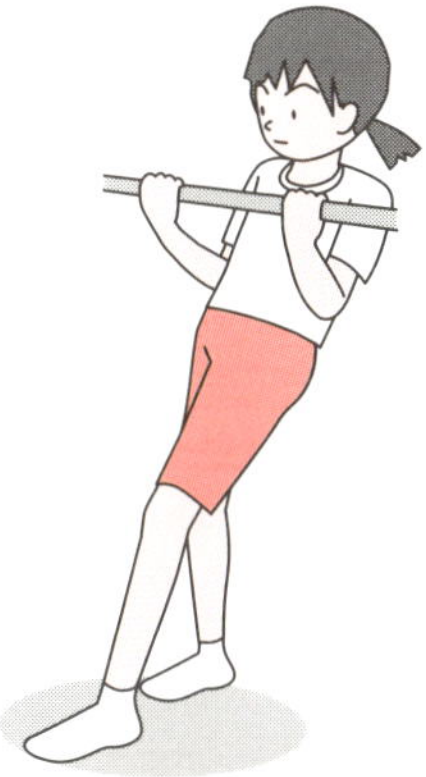

❶ 鉄棒に近づく（走り抜けゾーン）。鉄棒を見たまま深く踏み込む

❷ 脚をたたんでジャンプ（小さい力で動くゾーン）する。両ヒザをたたんだまま両足で垂直にジャンプする

point

カラダをつかんだ鉄棒に近づけ、後方に宙返りをするイメージで回る

❸ 両足を伸ばしてカラダを起こす（大きな力で動くゾーン）。腰が鉄棒の真上に来たら両ヒザを伸ばしてゆっくり脚を降ろす。同時に頭は上昇する

Aタイプの逆上がりは
みぞおちを中心に回転する

A タイプ

Aタイプは、重心の位置がヒザとみぞおちに集まります。また、常に前方にある前足に重心軸を作るため、鉄棒の下を通過したあとに前足のヒザを垂直に振り上げます。すると前ヒザは鉄棒の上を乗り越え後ろ足を引き上げていきます。両ヒザがたたまれた形でそろうと自動的に回転します

point
ヒザを鉄棒の上に振り上げるとみぞおちを中心にカラダが回転をはじめる

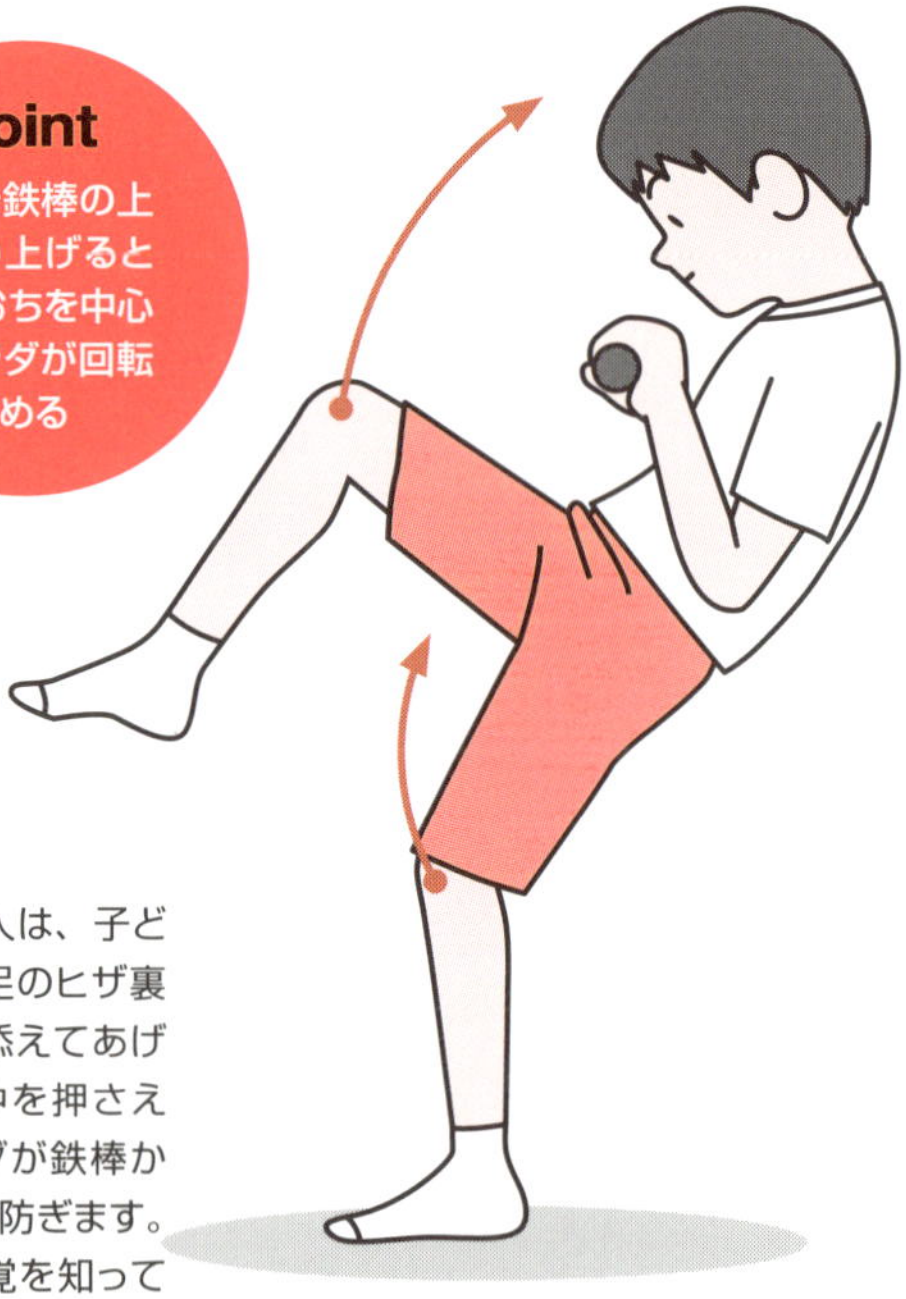

補助のコツ

補助をする大人は、子どもの背中と前足のヒザ裏を同時に手を添えてあげましょう。背中を押さえることでカラダが鉄棒から離れることを防ぎます。また、回る感覚を知ってもらうためには前足のヒザ裏を垂直に引き上げてあげると良いでしょう

Bタイプの逆上がりは

腰を中心に回転する

B
タイプ

B タイプは重心の位置が首のつけ根と腰に集まります。常に後方にある後ろ足に重心軸を作るため、鉄棒の下を通過したあとに後ろ足で地面を強く踏み込むことで、前足を勢いよく押し上げます

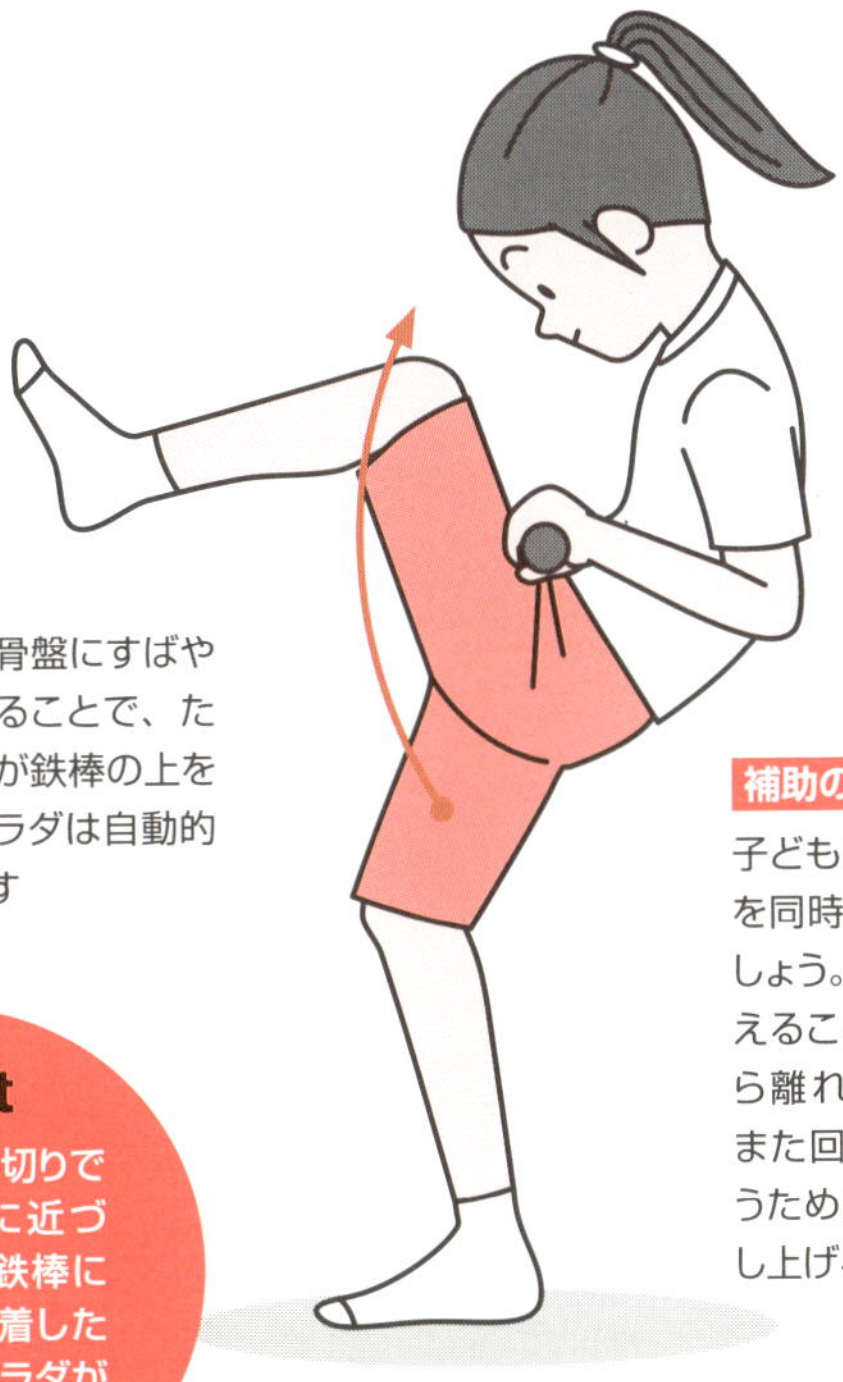

後ろ足首を骨盤にすばやく引きつけることで、たたんだ両足が鉄棒の上を通過し、カラダは自動的に回転します

補助のコツ

子どもの首のつけ根と骨盤を同時に手を添えてあげましょう。首のつけ根を押さえることでカラダが鉄棒から離れることを防ぎます。また回る感覚を知ってもらうためには骨盤を垂直に押し上げると良いでしょう

point

後ろ足の踏み切りで足首を骨盤に近づけると、腰が鉄棒に密着する。密着した腰を中心にカラダが回転をはじめる

とび箱ができないのはこんな理由

助走から踏み切るタイミングはスキップと同じリズム

上達のコツで良く言われることに、「全力助走」から「強い踏み切り」、そして「力強く手をつく」、「怖がらない」などがありますが、これらすべてがNGワードなのです。すべての動作を全力で行なわせることが恐怖心を生みます。

とび箱の基本は、「リズミカル」に箱に「とび乗る」ことです。**安定した姿勢で箱にとび乗ることができれば、恐怖心は芽生えずとび箱でもっとも重要な「リズミカルな踏み切り」に集中することができます**。

この、「リズミカルな踏み切り」はスキップと同じ動きになります。

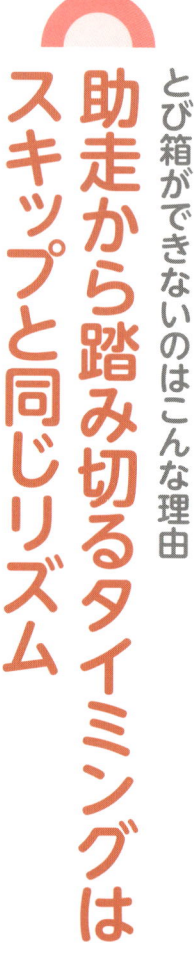

2段階踏み切りが
とび箱をとぶポイント

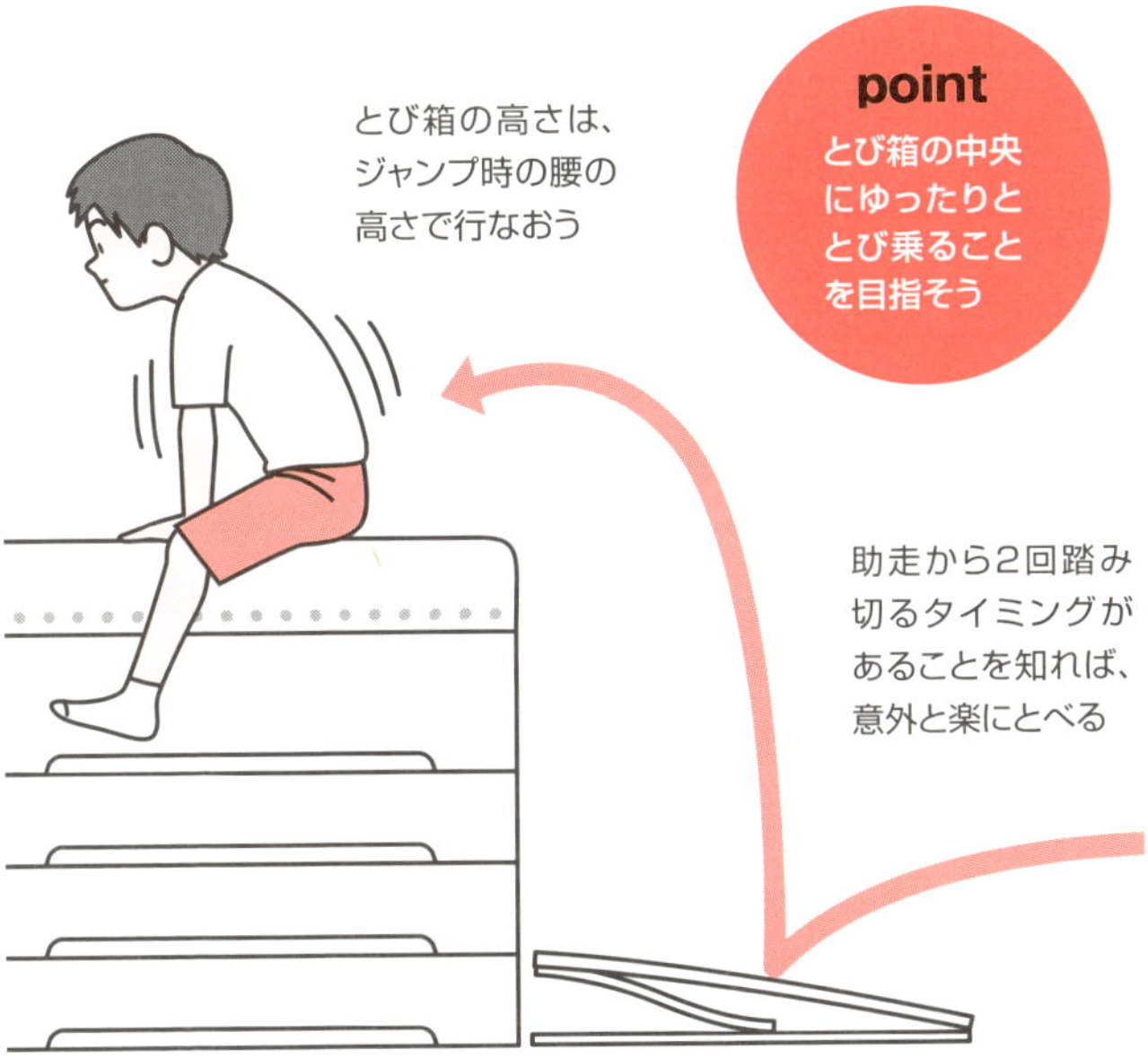
とび箱の高さは、
ジャンプ時の腰の
高さで行なおう
point
とび箱の中央
にゆったりと
とび乗ること
を目指そう
助走から2回踏み
切るタイミングが
あることを知れば、
意外と楽にとべる

踏み切り板を両脚で勢いよく踏み切れないと、ダイナミックな跳躍はできない。しっかり踏み切れれば、手は自然にとび箱の奥につけるので、手のつく位置は意識しなくていい

とび箱をうまくとぶコツ

助走スタートから着地停止までの動作イメージを持つことが大切

まず、とび箱の動作を運動目的に分けます。**助走はスキップの要素が重要で、スピードよりも踏み切りのリズムを大切にします**。これが1回目の片足踏み切りです。次の両足踏み切りは予備ジャンプが目的ですから、スキップのイメージで上へのジャンプを心がけます。ここでの目線は踏み切り板です。そして、2回目の踏み切りは両足ジャンプです。全身を使って大きくジャンプし、目線は箱の上に変えます。カラダがとび箱に近づいたら両手のひらをつきます。実はこれが3回目の踏み切りなのです。脚を大きく開いてとぶために両手をつくのです。開脚した脚が両手を追い越したら、顔、上半身をすばやく起こします。すると、同時に両足が自然と閉まり、目線を先に着地します。

動作リズムが大切

手をつくと自然と開脚する

1

スキップのイメージから1回目の片足踏み切りをする。目線は踏み切り板に

2

2回目の両足踏み切り。手を前に出し、視線は箱の上に変える

3

3回目の両手踏み切り。脚を開いてとぶために両手をつく

4

両脚が両手を追い越したら、顔と上半身を起こして安定させる

5

目線を先に向けて両足をそろえて着地する

point

とび越すことよりも、とび箱にしっかり座ることがはじめの目標!

とび箱を克服する練習法

いきなりとび箱を使わずに身近にある小さなものを使う

いきなりとび箱を使った練習ができない子には、たとえばティッシュの空き箱など、身近にある小さなものをとぶことから始めましょう。とび越えるためのジャンピングポイントを学ぶことができます。

数メートル先に置いた箱を目指して走っていき、両足ジャンプをして箱をとび越えます。次は箱を縦に置いて、同じようにとび越えます。開脚ジャンプもしてみましょう。問題なくできたら、今度は箱を2つ用意します。手前は横に、2つ目は縦に置き二段ジャンプをなめらかにすることで、二段階踏み切りの練習を行ないます。他にも、1人が腰を曲げて台になり、もう1人がその背中に手をついてとぶ〝馬とび〟も、とび箱の練習としてはとても効果的です。

空き箱や馬とびで
とぶ感覚を覚える

point
空き箱ジャンプは助走のスピードを落とさないようにしながらとぶ

箱の直前まで走っていき、うまくタイミングを合わせて両脚ジャンプ。箱は最初は横に置き、縦にしたり、立てたりして徐々に難易度を上げていく。開脚しながらとべるようになろう

箱を2つ使って、二段階踏み切りの練習をしよう。全身を使ってリズミカルにジャンプする

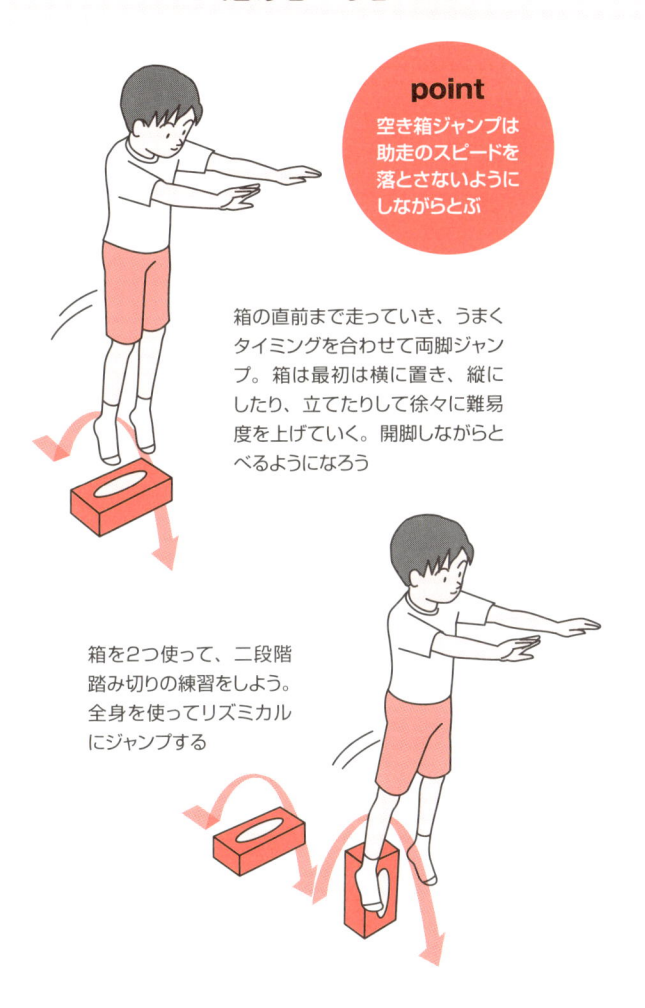

タイプ別動作のポイント
みぞおちを高くするAタイプと腰を高く上げるBタイプ

Aタイプは

みぞおちを高く乗り込ませる

A タイプ

Aタイプは、踏み切り板をけり上げるように使い、みぞおちを高く遠くにけり込ませるイメージ。そのため、とび箱の奥に手をつきやすい

point
とび箱の上に高く乗り込んだみぞおちとヒジが連動することで両手をつく

手をついてとび箱を踏み切ったときに、みぞおちと両ヒザが上がりきった感覚が強い。着地点はとび箱から遠くなる

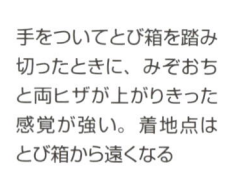

Bタイプは
腰を高く蹴り上げる

Bタイプ

踏み切り板を踏み込むように使い、腰を高く飛ばし手を強くつくことでさらに腰を高く、首のつけ根を遠くに乗り込ませるイメージ。そのためとび箱の手前付近に手をつきやすい

point
両手をしっかりとつくことで、踏み切って上昇した腰をさらに押し上げる

手をついてとび箱を踏み切ったときに、腰から両脚が前方に加速する感覚が強い。着地点はとび箱に近くなる

column

サプリメントに頼らない食生活を子どもに与える

スポーツに一生懸命取り組んでいるお子さんの応援や送り迎えなど、熱心な親御さんにはとても感心します。ただ、そうしたことに偏りすぎて、食事面がおろそかになってはいませんか？　コンビニ弁当やインスタント食品で済ませてばかりでは、子どものカラダは健康的に育ちません。

また、近年は栄養補助食品であるサプリメントが身近なものになり、子ども用サプリも市販される時代になりました。しかし、成長過程にある段階でサプリにたよりすぎるのはあまりおすすめできません。

たとえば、みかんの木においしい果実を実らせたいとき、たくさんの様々な栄養素を与えてあげることが正しいのかというと、それは違います。あくまでも大切なのは空気や水、土や陽の光であり、それらが整っていない土壌に栄養素だけを加えても、木は根腐れしてしまうのです。

人間のカラダの機能はもっと複雑ですから、みかんの木でいう空気や水を貯えた土にあたる部分、つまり日頃の食事がさらに重要になってきます。好き嫌いをせず、できるだけ決まった時間に、バランスよく楽しく食べることが子どもの成長には不可欠です。親御さんも大変でしょうが、お子さんのためにぜひ頑張ってあげてください。

8章

ボールを使った運動ができる!

4Stance

ボールをうまく扱えないのはこんな理由

不規則なボールの動きに慣れることが上達の第一歩

ボールを扱う運動が苦手になってしまうお子さんは、不規則に動くボールの挙動に慣れていなく、うまく捕れないことが原因です。**ドッヂボールで活躍する子は投げることが上手というより、捕ることが上手で、投げるチャンスが増えているだけ**なのです。野球のようなボールでも、バスケットボールのような大きめのボールでも、カラダの幅の外側で捕ろうとすると取り損ねる確率が高まります。つまり、胸の正面で両手でボールを扱うことが基本です。また、投げるときは腕だけを使うのではなく体幹部をきちんと使い、全身をなめらかに連動させることからはじめましょう。小学校低学年までの球技がドッヂボールのように、大きなボールを使うのもこのためです。

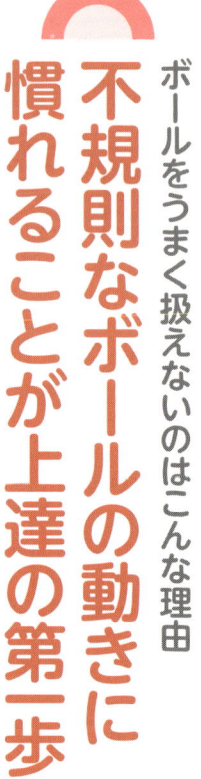

左右差なく両手を使い
胸の正面で捕り、投げる

カラダの外側に来たボールを、腕を伸ばして捕ってはいけません。胸の正面で捕れるように脚で移動しましょう。これをフットワークと呼びます

point
はじめは空中を飛んでくるボールは距離感がつかみにくいので、ゴロやワンバウンドのボールキャッチが有効

大人の感覚では片手で投げる方がうまいこと、上級なことのように思われがちですが、まず両手を使って全身でボールを投げることが基本になります

大きなボールから小さいボール

全身で「捕って投げる」のコツを大きなボールでつかもう

常に自分の中心にボールを置くことが上達の条件です。これを身につけるためには、大きいボールから慣れていきましょう。動いてくるボールに追いつく、カラダ全体で捕ったり投げるには、大きなボールのほうがコツをつかみやすいからです。体育の授業でドッヂボールやバレーボールを、ソフトボールより先に取り組むのは、ボールを両手で扱いやすいということの他に、まずは動くボールに対しての距離感やスピード感に慣れやすいからです。つまり、球技が難しいのは、**自分の自由にならないボールの動きに自分の動作を合わせること**なのです。大きなボールで捕ったり、投げたりといった基本的な動きが身についたら、少しずつ小さなボールに換えていきましょう。

強いボールとコントロールは
大きなボールで作られる

point
大きなボールを使い、カラダ全体で捕る、カラダ全体で投げるコツをつかむ

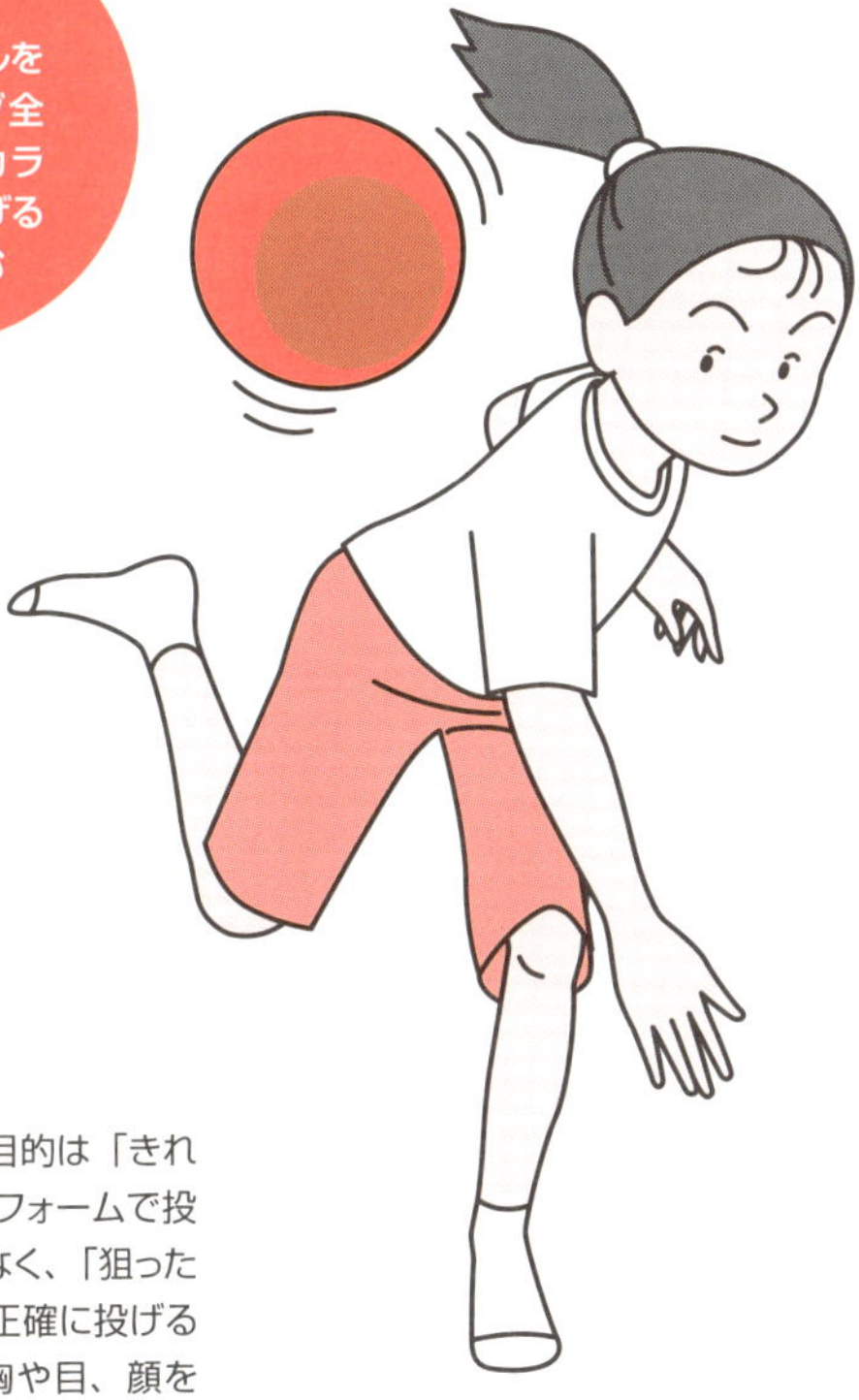

ボールを投げる目的は「きれいな片手投げのフォームで投げること」ではなく、「狙った目標に向かって正確に投げること」。自分の胸や目、顔を目標に向けることで、正確なコントロールと全身を使った強いボールが実現できる

ボールをうまく捕るコツ

子どもの胸の前に捕りやすいボールを投げる

まずは大きめのボールで捕る練習から始めます。ポイントは、カラダ全体で抱え込むこと。大人は、子どもがもっとも捕りやすい胸の前に、やさしくボールを投げてあげてください。はじめはゴロやワンバウンドのボールで、ボールが近づいてくる感覚を養います。そして、その入ってくる**ボールに合わせ、自分のカラダを変形させることがキャッチングの基本**になります。

できるようになったら、大人は少し上下に投げ分けます。上半身をボールのほうに向けたまま、ボールが来る場所まですばやく移動して、先ほどのように胸の前で抱え込むようにボールを捕ります。さらに慣れたら、少し左右に移動する練習を行ないます。

ボールと手が触れる距離を保ち

両腕とカラダ全体を使ってキャッチ

point
常に両手を胸の前に置くことができれば全身で捕球できる

ボールと両手が触れる自然な距離（キャッチングポイント）を知ると、腕が伸びきったり肩に力が入りすぎたりがなくなる

左右に来たボールに対しては、すばやく移動して胸の前でキャッチする

小さいボールでも同じで、これが野球などでよく言う「正面に入る」ということ。両手の感覚は大きなボールのイメージのままでOK！

ボールをうまく投げるコツ①

胸が投げたい方向に向いたタイミングでボールを放す

キャッチングの次に投げる動作を覚えます。

はじめは両手でボールを持ち、股の下からカラダ全体を使ってアンダースローで投げていきます。

自分の胸が、投げたい人に向いたタイミングでボールを放します。そうすることでボールを自然と放せる、自然なリリースポイントが理解できます。

じつは、**自分のカラダと手からボールの放れる距離（リリースポイント）**と、**自分のカラダとボールが手に触れる距離（キャッチングポイント）**は、**同一距離**なのです。そして、相手が投げたボールを捕り、相手に投げるまでのリズムを一定にすることが大切になります。

捕る、投げると一定のリズムで
自分の胸を投げたい方向に向ける

point
相手が捕りやすいボールの飛び方が、自分の捕りやすいボールの入り方である

一定のリズムでキャッチボールを行なうと、キャッチングポイントとリリースポイントが同一距離であることが感じられる

半身になって投げるときは、右側からも左側からも同じように投げられるのが望ましい

ボールをうまく投げるコツ②

ボールを両手で持ち、体幹と両足を使い、投げたい方向に胸を向ける

投げる練習の第2段階として、肩口からオーバーハンドで投げていきます。カラダの使い方の原理は、前項目と同じです。ボールを両手で持ち、体幹を使いながら投げたい方向に胸を向けて投げます。これが難しいのは、投球準備で安定した片足立ちが要求されるからです。ともすれば片手で投げることが上級と思われがちですが、**どの球技もまずは両手でボールを扱うことが基本になります**。アメリカンフットボールのクォーターバックやバスケット選手がボールを持ったら一度、両手で自分の胸の前に持ってくるのは、それが基本だからです。カラダ全体で投げる動きを覚えたら、次に前に数歩走ってから投げます。足の踏み替えの速さが腕のスピードとなり、球速につながります。

オーバーハンドも原理は同じ

投げる意識は前足が目標に向いてから

point
投げたい方向にコントロールできたら、少しづつ遠くに投げていく

❶ 投球準備から、投げたい方向に対して後ろ足を使って片足立ちをする

❷ すると①で胸の前で両手で持っていたボールが自然に顔の後ろ足側に移動する

❸ ゆっくりと投げたい方向に前足を踏み出しながら胸を目標に向ける

❹ 全身を使って腕が振られる

後ろ足から前足への踏み替え速度が速くなれば、自然に片手投げになってくる

基本の投げ方は他の球技にも応用できる

小手先だけの小さな動きではなく全身をなめらかに動かす

基本的な捕り方や投げ方が身につけば、他の球技でも応用がききます。たとえば多くの球技にある味方からのパスを受ける動きや、バレーボールのレシーブなどは、すばやくその地点に移動し、捕ったり止めたりします。また、野球のバッティング、ゴルフやテニスのような競技の「打つ」動作も、捕って投げるという動きの複合と言えます。

もっとも大切なことは、**準備動作から始動したら動作終了まで動作を止めないこと**です。子どもは大人と違って大きな力を使えません。フォームの形、型にとらわれず、スポーツの動作目的に意識させ、全身運動の楽しさを教えてあげましょう。

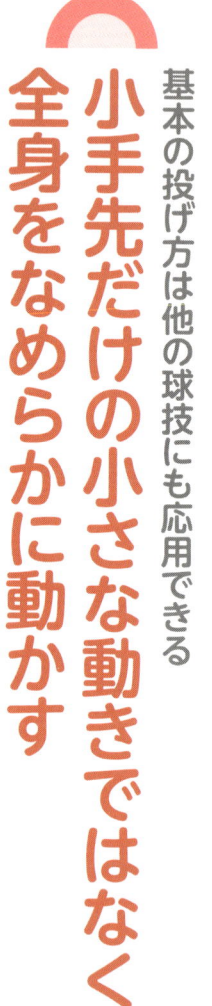

カラダ全体を使うのが
すべての球技の基本

point
カラダの部位すべてを連動させながら動くように意識する

小手先だけの動きになると、思いどおりのボールにならない。はじめはコントロールよりも遠くにボールを飛ばすことを意識する

重心の移動にともなって、自然と投げ手から打ち手に変化する

バレーボールのサービスのようにボールを叩く動きも、全身をダイナミックに使うことがポイント

著 者

廣戸 聡一　ひろと・そういち

1961年東京都生まれ。スポーツ整体「廣戸道場」主宰。ジャンルを超えたコンディショニング・スーパーバイザーとして、世界で活躍する一流アスリートから一般における施療、介護、リハビリ医療までオールラウンドにケアする。動作における軸、個体別身体特性などを解明した理論「Reash（レッシュ）理論」を提唱。同理論と実践を広める活動を事業とする一般社団法人「Reash Project（レッシュプロジェクト）」代表。平成22年度からJOC（日本オリンピック委員会）強化スタッフ。
主な著書は『一生疲れない「カラダ」の作り方』（日本文芸社）、『キミは松井か、イチローか。』『4スタンス理論』（ともに池田書店）、『体幹を鍛えてお腹が凹むトレーニング』（PHP研究所）など多数。

◎スタッフ

編集協力：城所大輔（株式会社多聞堂）
　　　　　小野哲史

デザイン：シモサコグラフィック
イラスト：楢崎義信

子《こ》どもの運動力《うんどうりょく》は
4《ふぉー》スタンス理論《りろん》で引《ひ》き出《だ》せる！

2016年7月20日　第1刷発行

著　者　廣戸聡一《ひろとそういち》
発行者　中村　誠
印刷所　玉井美術印刷株式会社
製本所　株式会社越後堂製本
製版所　株式会社公栄社
発行所　株式会社日本文芸社
〒101-8407　東京都千代田区神田神保町1-7
TEL　03-3294-8931（営業）　03-3294-8920（編集）
Printed in Japan　112160720-112160720Ⓝ01
ISBN978-4-537-21397-3
URL　http://www.nihonbungeisha.co.jp

編集担当：三浦